暨南经济文丛

本著作获得暨南大学高水平大学建设专项经费——应用经济与产业转型升级资助，国家自然科学基金重点项目“推动经济发达地区产业转型升级的机制与政策研究”（批准号71333007）、国家社科基金重大项目“我国重点生态功能区市场化生态补偿机制研究”（15ZDA054）资助

中国地区收入差异的演变、分解与动因

基于不同方法的研究

吴建新◎著

暨南大學出版社
JINAN UNIVERSITY PRESS
中国·广州

图书在版编目（CIP）数据

中国地区收入差异的演变、分解与动因：基于不同方法的研究/吴建新著．—广州：暨南大学出版社，2016.5
（暨南经济文丛）
ISBN 978-7-5668-1810-2

Ⅰ.①中…　Ⅱ.①吴…　Ⅲ.①收入差距—研究—中国　Ⅳ.①F124.7

中国版本图书馆 CIP 数据核字（2016）第 089546 号

出版发行：暨南大学出版社

地　址：中国广州暨南大学
电　话：总编室（8620）85221601
　　　　营销部（8620）85225284　85228291　85228292（邮购）
传　真：（8620）85221583（办公室）　85223774（营销部）
邮　编：510630
网　址：http://www.jnupress.com　http://press.jnu.edu.cn

排　版：广州市天河星辰文化发展部照排中心
印　刷：广东信源彩色印务有限公司

开　本：787mm×960mm　1/16
印　张：10.75
字　数：185 千
版　次：2016 年 5 月第 1 版
印　次：2016 年 5 月第 1 次

定　价：28.00 元

前 言

自1978年以来，中国经济已经经历了30多年的高速增长，全国平均收入水平也得到很大的提高，中国也逐步进入中等收入国家行列，但非均衡的增长模式也带来了严重的地区收入差距问题。过大的地区收入差距不但带来了经济效率的问题，也带来了严重的社会问题。鉴于这一原因，地区收入水平的收敛和决定问题就成为近年来国内经济研究的重要课题之一。关于我国地区发展差异的要素积累和全要素生产率之争更是近年来的热点，美国经济学家 Paul Krugman 提出的对于东亚经济增长模式的质疑将这一问题的争论推向高潮。研究地区收入差距的演变、构成及其影响因素不但可以解释我国经济增长模式的问题，还可为缩小地区收入差距、实现经济赶超战略和经济转型升级提供重要的政策依据。与印度等一些发展中国家不同的是，中国的地区收入差距与对外开放政策存在密切的关系，对外贸易和外商直接投资在中国地区收入差距的扩大中扮演了重要的角色。基于此，本书将中国地区收入差距的形成置于开放经济条件之下，比较系统地研究了我国地区劳均产出（即劳动生产率）的分布演变、构成和影响因素。

与许多研究中国地区收入差距的文献不同，本书采用分布动态方法分析了中国地区收入差距的长期演变趋势，并且采用不同的方法将中国地区收入差距分解为不同的成分。最后研究了对外贸易和外商直接投资等因素对中国地区收入差距的影响。本书的研究结果具有较好的稳健性，为理解中国地区收入差距的形成和决定提供了较好的视角。

在本书的撰写过程中，暨南大学经济学院国际经济与贸易系的刘德学教授、张捷教授、陈红蕾教授以及许多老师和同学为本书提出了宝贵的建议和意见，为本书的完善提供了诸多帮助和支持，在此一并感谢。

当然，中国地区收入差距的变化和形成原因非常复杂，关于中国地区收入差距的研究将会继续发展和深入，本书的研究必然存在一些不足，希望读者们能够提出批评意见，笔者将会在以后的研究中加以完善。

吴建新

2016 年 3 月于暨南园

目　录

1 导 论

1.1 研究背景与意义

近年来，鉴于我国地区收入差距呈现明显扩大的趋势，有关地区收入差距及其决定的研究成为国内经济研究的核心课题之一。对于跨国或跨地区收入差距的研究源远流长，但其成为经济增长与发展研究热点还是在 Solow 的新古典增长理论产生之后。Solow 模型强调资本积累在经济增长中的重要性，基于要素报酬递减的规律，该模型预测各国的人均收入增长率将会收敛。然而许多经验研究（如 Barro & Sala-i-Martin，1992）都发现只存在条件收敛（Conditional Convergence），而不存在绝对收敛（Absolute Convergence）。同时，许多经验研究和事实也表明，要素积累无法解释世界各国经济发展的巨大差距，那么决定经济发展差异的因素只能到要素投入之外的 Solow 残差（全要素生产率）中去寻找。统计事实证明，世界各国之间全要素生产率的差距远大于要素投入的差距，Klenow 和 Rodriguez-Clare（1997）研究发现全要素生产率能够解释 60% 以上的跨国劳均收入差别，而对于劳均收入的增长率，全要素生产率甚至解释了约 90% 的跨国劳均收入增长率差别。因此，要理解各国的经济增长与发展，就必须更好地理解全要素生产率及其决定。在 Solow 模型中，全要素生产率代表技术进步，但在该模型中技术进步是外生的。正是对 Solow 模型的质疑和修正揭开了最近 20 多年来新经济增长理论发展的序幕。认识到世界平均经济增长加速的历史事实，Romer（1986）认为有着固定外生技术变化率的 Solow 模型无法解释长期经济趋势，因此，他建立了一个收益递增的模型，收益递增的基础是知识积累的外部性。Locas（1988）借鉴了外部性的概念，但他的外部性存在于人力资本中。Romer（1990）研究了内生的技术变迁过程，并将技术进步完全内生于模型之中。在该模型中，技术创新通过产品种类的增加来体现，技术创新是追求垄断利润的厂商进行研发活动的结果。作为对 Romer（1990）中间产品种类增加型技术进步的补充，Grossman、Helpman（1991）以及 Aghion、Howitt（1992）建立了产品质量改进型的内生技术进步模型。

然而，在开放经济条件下，生产率不仅受到国内研发和人力资本的影响，还会从其他国家的技术进步中获益。Grossman 和 Helpman（1991）对于国际研发溢出的机制做了系统的研究，他们总结出国家间研发溢出的几种方式：市场规模效应、竞争效应、贸易和外国直接投资对国内要素价格的改变、减少了研发竞争中的冗余、丰富了中间投入品和资本品的数量、知识存量的共享降低了研发成本等。这些机制中既存在促进国际经济增长收敛的机制，也存在促进发散的机制。因此，总的结果取决于各种机制作用的程度。考虑到95%以上的世界研发活动由少数几个工业化国家完成，因此评价知识国际溢出的程度就显得非常重要。Coe 和 Helpman（1995）估计了国内和国外研发资本存量对 22 个工业化国家全要素生产率的影响，他们的模型解释了 60% 的跨国全要素生产率差别。Coe 等（1997）又用此方法检验了 77 个发展中国家的数据，结果发现，外国研发资本存量解释了发展中国家 20% 的全要素生产率差别。为了量化研发对增长路径的影响，Bayoumi 等（1999）将 Coe 和 Helpman 等人所估计的方程并入国际货币基金组织的多元模型，并用这一模型来模拟研发投资的各种扩张对世界上各个国家和地区的影响。结果发现，欠发达国家的产出受益于发达国家的研发，但发达国家更高的研发也扩大了国际贫富差距。

改革开放以来，我国经济保持高速增长的态势已长达三十多年，然而关于我国经济增长模式的争论也一直没有停止。许多学者都著文批评我国和苏联等国的经济增长为粗放型增长，而将美国等西方发达国家的经济增长称为集约型增长。美国著名经济学家 Paul Krugman 对于“东亚奇迹”的批判更是将这一争论推向顶峰。Paul Krugman（1994）以 Kim，Lau 和 Young 等人的实证结论为基础，认为东亚新兴工业化国家和地区的经济增长主要依赖的是要素投入，全要素生产率的贡献很小，即东亚国家的经济增长中没有技术进步水平的提高，因此，所谓的“东亚奇迹”实际上并不存在，而这种没有技术进步的经济增长显然是不可持久的。因为根据投入要素的边际产出递减规律，要素推动的增长必然下降。随后而来的亚洲金融危机似乎也验证了 Paul Krugman 的观点。我国许多学者的研究也曾得出和 Paul Krugman 相似的结论。例如，李京文和钟学义（1998）估算出中国改革开放至20世纪90年代中期，全要素生产率对经济增长的贡献只有30%左右，而西方发达国家全要素生产率对经济增长的贡献一般都超过了50%。当然，也有许多学者不同意这一观点。中国经济增长没有技术进步这一观点和绝大多数人的实际感受似乎也不相符。那么，究竟中国的经济增长中有没有技术进步呢？全要素生产率能否等同于技术进步？在新古典经济学框架下，全要素生产率是通过柯布—道格拉斯生产函数推算出来的，它包含了除要素投入以外的所有我们不知道的因素，我们对全要素生产率的确切内涵知之甚少，因此它是一个“黑匣子”（Black Box）。全要素生产率包含哪些成分？主要由哪些因素决定？其影响机制和程度如何？对于这些问题的回答不但能够加深人们对于经济增长模式、全要素生产率和技术进步的理解，而且具有重要的理论意义，对促进我国地区经济增长，缩小地区发展差距，提高经济增长效率具有非常重要的实践意义。

本书以中国地区劳均产出（即劳动生产率）及其决定为研究对象，在详细探讨劳均产出和全要素生产率关系的基础上，首先通过动态分布方法、新古典标准分解方法和非参数分解方法考察了投入要素和全要素生产率对劳均产出的影响，并试图通过分解来打开全要素生产率这个“黑匣子”。接着分析了改革开放以来以国际贸易、外商直接投资等为渠道的国际技术溢出、人力资本构成、国内研发以及可能作为技术转移吸收能力指标的人力资本构成、国内研发、收入水平、综合技术水平和贸易开放度等因素对地区发展水平和全要素生产率的影响。

1.2 主要研究方法

本书采用理论和实证相结合的分析方法来研究劳均产出和全要素生产率的决定及其相互关系，但略偏重于实证分析。在第3章中以相关的经济理论为基础，采用核密度函数和一阶 Markov 过程动态分布方法研究劳均产出与要素投入、全要素生产率的分布状态、发展趋势和相互关系。为了分析的稳健性，又分别采用新古典标准核算方法、非参数的数据包络分析方法结合方差分解方法对劳均产出与要素投入和全要素生产率之间的关系进行了比较分析。

然后以相关的经济增长理论、国际贸易理论和国际直接投资理论为基础，采用动态面板数据模型和一阶差分广义矩估计方法来研究中国全要素生产率和劳均产出的决定问题。与传统的面板数据估计方法相比，采用动态面板数据模型和一阶差分广义矩估计方法的好处是可以有效地控制解释变量的内生性和遗漏变量问题。

本书在研究方法上的特点是采用多种方法组合来进行分析。这样做主要有两方面的优势：首先，任何方法都有其优点和缺陷，因此采用多种方法组合可以扬长避短，力求在研究方法上做到尽可能完善，这样得出的结果具有较高的稳健性，在此基础上得出的政策建议也更加具有说服力；其次，本书对问题的分析力求细致和精确，多种方法组合是我们实现这一目标的最有力的保证。

1.3 结构安排

本书内容分为9章：

第1章是导论。作为本书的绪论部分，阐明本书的研究背景和意义，介绍了采用的研究方法和本书的结构安排，并指出本书的创新和不足之处。

第2章是对本书相关研究的一个总的述评。生产率既与发展水平相联系，如劳动产出，又和技术进步有密切的关系，如全要素生产率。因此，本章首先对生产率理论研究的发展过程进行了简单回顾，并分析了劳动产出和全要素生产率在理论和应用上的区别和联系。然后介绍了现有文献对劳动产出和全要素生产率分解和决定方面的研究，包括分解的主要方法、优缺点以及主要结论。生产率分解主要研究要素投入、技术进步和效率与劳均产出之间的关系，属于近因分析。接着对开放经济条件下劳均产出和全要素生产率决定的相关研究做了详细的梳理，并对这些研究的基本观点和方法给予必要的分析比较和评价，从而为本书的研究做了理论和实证方面的铺垫，并突出了本书研究的特点。

第3章研究我国地区劳均产出的历史演变、动态分布及其决定。本章采用核密度函数对1952—2005年我国28个省、自治区和直辖市的样本数据进行分析，指出我国各地区劳均产出分布的历史演变，以便对我国地区劳均产出分布的发展过程有个基本的把握。然后以新古典经济增长理论为基础将劳均产出分解为物质资本积累和全要素生产率两部分。再以一阶 Markov 随机过程理论为基础，运用动态分布方法结合 Klenow 等提出的方差分解方法对劳均产出、物质资本积累与全要素生产率的动态分布、发展趋势和相互关系做了详细的实证分析。

第 4 章采用新古典标准分解方法来研究要素积累、全要素生产率和劳均产出之间的关系。首先通过新古典核算框架将劳均产出分解为物质资本、人力资本和全要素生产率三个部分，并对分解结果进行了简单的统计分析，说明只有全要素生产率才可能是我国地区收入差距的主要决定因素。在此基础上，利用 Klenow P.，Rodriguez-Clare（1999）提出的方差分解方法和 Easterly，Levine（2001）提出的方差分解方法分析了 1982—2005 年物质资本、人力资本和全要素生产率对我国地区劳均产出差别的影响。为了检验研究结论的稳健性，我们分别采用不同的资本产出弹性值对上述结论进行了敏感性检验。

第 5 章采用一种新的非参数生产前沿方法将 1982—2005 年我国地区劳均产出增长分解为效率变化、技术进步、物质资本积累和人力资本积累的贡献四个部分，然后结合方差分解和核密度分析方法分析各部分对地区劳均产出增长率和水平差异的影响。发现物质资本积累和技术进步是地区经济增长的主要来源，也是决定地区收入分布的主要因素；效率虽然对经济增长的平均贡献较小，却是地区经济增长率差异的主要来源。

第 6 章进一步研究全要素生产率的分解。在前三章水平分析的基础上，本章进行增长率分析。在这一章，我们完全放松生产函数假设，运用 Malmquist 指数法分别计算了 1982—1992 年和 1992—2005 年两个时期我国各地区全要素生产率的增长率，并将之分解为技术进步变化和效率变化（包括纯效率变化和规模效率变化），并对上述分解结果做了必要的统计分析，以探讨全要素生产率及其构成变化的模式和特点。然后采用绝对 β 收敛分析和核密度函数分布分析来研究全要素生产率及其构成对我国地区劳均产出差异的影响。

第 7 章采用随机前沿生产函数法分析了将全要素生产率分解为地区要素配置效率、技术进步、效率等成分，并与张军等（2004）的研究做了比较分析，然后探讨了影响地区要素配置效率的主要原因。研究发现：①全要素生产率增长主要来源于技术进步，技术效率和规模报酬的影响较小。②要素配置效率对全要素生产率确实有较大的影响，但与张军等（2004）不同，本章发现要素配置效率的贡献为负值，在资本增长率大于劳动增长率的条件下，这一结论符合我国实际劳动报酬低于其真实贡献的事实。③回归分析表明要素配置非效率的原因是要素价格扭曲、资本对劳动的过度替代以及政府的干预等。

第 8 章研究开放经济条件下全要素生产率的决定问题。本章以全要素生产率的条件收敛假设为基础，建立了一个动态面板数据计量模型，采用 1985—2005 年我国 28 个省、自治区和直辖市的面板数据并运用动态面板数据一阶差分广义矩估计方法检验了基于进口渠道和外商直接投资渠道的国际技术外溢、国内研发存量、人力资本及其构成和以人力资本构成、国内研发存量、收入水平、贸易开放度和综合技术水平为指标度量的吸收能力对全要素生产率的影响。采用动态面板数据一阶差分广义矩估计方法的优点是可以对解释变量的内生性和固定效应进行有效的控制，从而可以避免产生估计上的非一致性。用人力资本构成变量代替人力资本变量一方面是因为不同水平的人力资本存在异质性（Heterogeneity），另一方面可以检验人力资本对全要素生产率的影响是否存在门槛效应。

第 9 章研究开放经济条件下劳均产出的决定问题。本章在劳均产出的标准条件收敛假设基础上，通过构造一个开放经济条件下的动态面板数据计量模型，运用动态面板数据一阶差分广义矩估计方法和 1985—2005 年我国 28 个省区市的面板数据检验了进口、外商直接投资、人力资本及其构成、政府财政支出、投资率对劳均产出的作用。同时，采用交互作用项对以人力资本构成、国内收入水平以及贸易开放度等度量的吸收能力指标进行了实证检验，以分析进口和外商直接投资对我国地区收入水平的作用是否受上述指标的影响。

第 10 章是结论和研究展望。对本书的主要研究结论和观点进行总结，提出相应的政策建议，并指出下一步的研究方向。

1.4 创新与不足

本书的创新之处主要在于四个方面：

第一，本书对 1952 年以来特别是改革开放以后我国主要宏观经济数据做了一个系统的整理，包括各省级行政单位的数据，特别是争议较大的变量如资本存量和人力资本存量等数据。在经济增长与发展的研究中，与采用跨国数据相比，采用一国国内数据能够避免遗漏变量如文化、制度等带来的异质性对分析结果的影响，其结果更加稳健可靠。

第二，与传统的收敛分析不同，本书采用核密度函数和一阶 Markov 随机过程动态分布方法来研究劳均产出、要素积累和全要素生产率的分布状态、动态演变、发展趋势和相互关系。传统的计量分析（包括绝对和相对收敛分析）得到的实际上是一种平均意义上的结果，这就忽略了模型可能存在的非线性关系和经济单位之间的个体差异，而且常常要采用特定的模型假设。而核密度函数和一阶 Markov 随机过程动态分布方法能够较好地分析变量之间的非线性关系和多重稳态问题，对于收敛分析中的极化和分层等问题能够做出更加精确和直观的分析。

第三，与许多分析我国地区收入差距的文献不同。首先，本书在地区收入差距分析中采用了劳均产出而不是人均产出，这样就能够避免人口变动对人均产出带来的影响，因为众所周知，由于人口流动等因素，我国的人口统计数据存在较大的问题，统计数据经常要修订。其次，我们采用了非参数的数据包络分析方法来分解劳均产出，从而避免了由于生产函数形式误设所可能带来的偏误，并与传统的新古典标准分解的结果进行了比较；再次，我们也尝试从水平分析和增长率两个方面打开全要素生产率这个“黑匣子”。在水平分析中，借鉴适宜的技术理论和生产前沿理论将全要素生产率分解为技术效率和技术进步两个部分，并且进一步探讨了要素投入和技术进步之间的关系。在增长率分析中，我们完全放松生产函数假设，采用 DEA-Malmquist 指数将全要素生产率增长分解为技术进步变化和效率变化（包括纯效率变化和规模效率变化），然后分析全要素生产率及其构成对我国地区收入差距的影响。

第四，在对开放经济条件下的全要素生产率和劳均产出决定因素的研究中，我们采用了动态面板数据模型和一阶差分广义矩估计方法，从而解决了经济增长和发展研究中解释变量内生性问题和非观测效应问题。在对上述问题有效控制的基础上，我们得到了一些和现有研究不同的结果：首先，我们发现外商直接投资虽然对我国经济产生了一定的增长效应，但没有发现外商直接投资对我国产生技术外溢效应的证据，而且这一结果非常稳健；其次，研究发现进口对我国的技术外溢效应和增长效应具有一定的独立性，其作用并不直接依赖于传统的吸收能力变量如人力资本、国内研发和收入水平等；再次，人力资本对我国全要素生产率和劳均产出的作用存在显著的“门槛效应”，不同教育水平的人力资本的作用存在很大的异质性，不能作为一个整体来看待。

不足之处包括三个方面：

第一，数据的收集和处理方面还有待完善。由于本书的研究相对偏重于实证分析，因此，数据的准确性至关重要。但由于众所周知的原因，我国统计机构在相关数据的收集和处理方面还存在一些不足，有些数据（如人力资本数据）缺失，只能采用相关的办法加以插补，这有可能在一定程度上影响结论的准确性。

第二，影响劳均产出和全要素生产率的因素很多，本书只考虑了要素投入、国内研发、技术外溢等主要因素。可能影响劳均产出和全要素生产率的因素还包括产业结构、市场化程度、制度、政策、地理、气候等。限于篇幅，本书没有考虑这些因素的影响。但这并不意味着这些因素不重要，它们对地区劳均产出和全要素生产率的影响程度和作用机制还有待进一步的研究。

第三，经济增长和发展是个十分复杂的系统，影响劳均产出和全要素生产率的因素之间还存在复杂的交互作用，而全要素生产率本身可能和一些因素之间存在相互的因果关系。这些复杂的交互作用使我们的研究工作变得十分困难，虽然经济学家们一直在尝试通过抽象和假设来简化分析，但过多的简化、抽象和假设使经济研究脱离现实，降低了对现实世界的解释度。显然，现有的研究工具还是比较初步的，难以满足我们研究的需要。也许，系统问题还需要系统的方法来加以解决。

2 文献综述

近二十年来，有关经济增长、发展的理论和经验研究主要围绕着四个核心问题展开：一是收敛问题，主要研究跨国或跨地区人均收入或劳均产出是否发生了收敛或发散，不同国家或地区人均收入或劳均产出之间的差异是否恒定，以及对于决定收敛、发散或恒定的因素及其机制的研究。二是跨国或跨地区人均收入或劳均产出的分布问题，主要研究不同国家或地区人均收入或劳均产出的分布模式和动态演进方式。三是对于经济增长或发展的决定问题，主要研究影响经济增长或发展的因素，即经济增长和发展的源泉问题，包括基础因素和中间因素，并探讨各因素影响经济增长或发展的机制问题。四是生产率分析，主要研究对象包括全要素生产率和劳均产出。一方面，分析生产率的测算及其在经济增长和发展中的作用；另一方面，通过生产率的分解来更加深入地研究生产率的各个组成部分及其对生产率的影响。本书的研究基本属于生产率分析，因此，本章首先介绍了生产率理论特别是全要素生产率理论的发展和度量问题，并对劳均产出和全要素生产率之间的关系进行了分析；接着介绍了生产率的分解和决定；最后对国内外相关研究进行总结和评述。

2.1 生产率理论研究现状

2.1.1 生产率理论的发展和度量

一般认为，生产率概念最早是由 Quesnay 于 1766 年提出来的，但真正开始对生产率进行比较深入的研究是在 20 世纪 30 年代数学家柯布和经济学家道格拉斯提出生产函数理论之后。作为生产率研究核心的全要素生产率的概念则是荷兰经济学家 Tinbergen（1942）提出来的，他在包含资本和劳动投入的函数中加入一个时间趋势项来表征“效率”的变动水平。在此之前，研究最多的主要是劳均产出。最早对全要素生产率进行实际估计的则是 Stigler（1947），Stigler 在其 1947 年的研究中已独立地提出了全要素生产率的概念与分析方法。Solow（1957）在 Tinbergen（1942）和 Stigler（1947）等学者的研究基础上，提出了规模报酬不变的总量生产函数和增长方程，从而在数量上研究了要素投入、技术进步（即著名的 Solow 余值）和产出之间的关系。Solow 估计出美国全要素生产率对经济增长的贡献率高达 80%，但 Solow 没有考虑要素质量的改进，将要素质量提高所带来的经济增长归因于全要素生产率的贡献。所以相对于其在理论上的重要贡献，这一实证结果并没有得到普遍接受。Jorgenson 和 Griliches（1967）在改进经质量调整的投入变量的构造方面做了很多研究，指出如果从理论上分析，全要素生产率实际上是一种计算误差，该误差来自于投入要素计算的不准确或者是遗漏，如果能够将所有投入要素准确地包含在计算方程中，全要素生产率应该为零。虽然 Solow 余值法依然是当前生产率研究中最常采用的方法之一，为了更加准确地理解和计算生产率，学者们还提出了一些新的全要素生产率计算方法。目前比较常用的全要素生产率计算方法主要包括四类：增长核算法、指数法、基于数据包络分析的 Malmquist 指数法和随机前沿生产函数法。

（1）增长核算法。增长核算法的基础还是 Solow（1957）提出的方法，将产出中扣除投入要素的贡献份额之后剩余的部分作为全要素生产率，或技术进步的贡献。这种方法由于计算上的简便性得到了广泛的应用。例如，目前经济合作与发展组织（OECD）采用的国际全要素生产率比较的计算方法仍然是增长核算法。美国劳工统计局（Bureau of Labor Statistics）从 1983 年开始公布的美国全要素生产率也是采用增长核算方法计算的。但其缺点是需要假设生产函数的形式、市场行为模式和规模经济等条件，如果实际情况与上述假设条件不符，就会产生比较严重的误差。这些假设对于发展中国家来说，尤其需要谨慎。此外，由于计算时没有考虑无效率项的存在，这在理论上意味着所有生产单元（如国家、地区或企业等）都在生产前沿面上，即在给定的生产技术和投入要素组合下，生产单元的产出达到了最大化。这一假设与实际情况显然有一定的距离，因为多数生产单元实际上是在生产前沿面内进行生产的。

（2）指数法。指数法是根据指数理论来计算全要素生产率的一种方法。与增长核算法不同的是，指数法无须事先设定具体的函数形式，因此是一种非参数的方法。用于计算全要素生产率的指数主要有五个：Laspeyr 指数、Paasche 指数、Fisher 指数、Tornqvist 指数和 Malmquist 指数。Laspeyr 指数是以基期价格计算的当期产出与以基期价格计算的基期产出之间的比值。Paasche 指数则是用当期价格计算的两期产出之间的比值。Fisher 指数则是 Laspeyr 指数和 Paasche 指数两者之间的几何平均，而 Tornqvist 指数是 Laspeyr 指数和 Paasche 指数的加权几何平均，权重是各指数基期和现期价值份额的简单算术平均值。由于 Malmquist 指数计算时不但采用了指数理论，还采用了距离函数和线性规划理论，且涉及全要素生产率的分解，因此将在后面单独介绍。

采用指数法时有两个问题，首先是指数的选择问题，因为不同的指数有不同的适用范围。通常选择指数的方法有两种：一是经济法（Economic Approach），二是公理法（Axiomatic Approach）。经济法主要是通过市场行为和潜在的生产函数等经济学方法和指数之间的内在关系来选择。例如，Tornqvist 指数就可以通过假定生产函数为超越对数生产函数，而生产者为产品和要素市场的接受者，其目标为收入最大化等条件的情况下推导出来。公理法主要通过比较指数公式自身的性质和全要素生产率所需要的性质来选择，那些具有最多所需要性质的指数就是最佳指数。在上述指数中，Fisher 指数具有最多的公理性质。因此选择 Tornqvist 指数虽然可以找到更多的经济学依据，但会引入一些不符合指数公理法原则的性质（Diewert & Lawrence，1999）。

指数法最大的优点是避免了生产函数设定和市场行为等很强的经济学假设，而且不一定需要价格信息。这对于市场经济不发达、价格不完全由市场决定的发展中国家来说，具有非常重要的意义。

（3）基于数据包络分析（Data Envelope Analysis，DEA）的 Malmquist 指数法（简称 Malmquist 指数法）。Malmquist 指数法不但可以计算出全要素生产率，还可将全要素生产率分解为不同的成分，以分析各组成成分对全要素生产率的贡献。Malmquist 指数是瑞典统计学家 Sten Malmquist 于 1953 年提出的，主要用来分析不同时期消费的变化。Fare 等（1994）用这一指数来考察全要素生产率的变化。这种方法一般通过比较决策单元（Decision Making Unit，DMA）的实际投入和产出数据，找出最佳生产单元，利用数据包络方法构造出最佳前沿面，就可以计算出不同决策单元的相对效率。通常用实际生产点到最佳生产前沿面的距离来度量生产的效率，然后用不同时期距离函数的比值将全要素生产率分解为各个不同的成分。例如，Fare 等利用距离函数将全要素生产率分解为技术进步变化（生产前沿的移动）和生产效率变化（实际生产点与前沿面之间距离的变化）。

这种方法的优点是无须设定具体的生产函数形式，完全用数据来测算全要素生产率及其成分，因此避免了函数误设可能带来的偏误。缺点有三个：一是当投入要素和产出要素较多，而观测值较少时就会出现自我识别的问题，即位于生产前沿面上的决策单元就会很多，就会使很多的决策单元达到完全效率（效率值为100%）的生产情况；二是不容许随机误差项的存在，而在数据包络分析中，任何随机误差都被记入效率之中，由于数据中的统计误差是不可避免的，因此统计误差常常会被带入生产率的计算中，从而带来误差；三是该方法对异点值（Outlier）比较敏感，在逐年计算时尤其明显。

（4）随机前沿生产函数法（Stochastic Production Frontier Approach）。随机前沿生产函数法最早是由 Aigner、Lovell、Schmidt（1977）和 Meeusen、Broeck（1977）分别独立提出来的。随机前沿生产函数法和前面介绍的 Malmquist 指数法都采用生产前沿的概念，但随机前沿生产函数法容许误差项的存在，计算时则采用了参数方法。而 Malmquist 指数法目前一般采用的是确定性生产前沿方法（Deterministic Production Frontier），不容许误差项的存在，是非参数方法。随机前沿生产函数法将实际生产点和生产前沿之间的偏离分解为技术非效率项和误差项两个部分。如果引入时间变量就可以将全要素生产率分解为技术进步变化（生产前沿面的移动）和生产效率变化（实际生产点与前沿面之间距离的变化）。Kumbhakar 和 Lovell（2000）在其 *Stochastic Frontier Analysis* 一书中对各种类型的随机前沿方法做了系统的总结。

与 Malmquist 指数法相比，随机前沿生产函数法的最大优点是容许误差项的存在，这就避免了统计误差对效率的影响。缺点是需要事先设定生产函数形式和无效率项的分布形式，如果采用的函数形式和分布形式与实际不符，就会产生较大的计算偏差。

2.1.2 劳均产出与全要素生产率之间的区别和联系

伴随着经济增长理论与经验研究的复兴，作为增长核算主要成分的生产率也逐渐成为经济研究的热点问题。生产率的概念包括单要素生产率、多要素生产率和全要素生产率。单要素生产率是指产出与某一投入要素之比，如劳均产出和资本生产率等；多要素生产率是指产出对于多种要素投入组合的比率；相应地，全要素生产率是总产出与所有投入要素的比率。经济增长研究中使用最多的是劳均产出和全要素生产率。二者都可以用来表示生产的效率，但在经济含义和适用条件上又有显著的差异。按照 Sargent 和 Rodriguez

(2001）的观点，在生产率的跨国或跨地区比较中，选择生产率的度量时要考虑三个要素：研究时期的长短、资本存量数据的质量和可比性以及增长过程（模型）的同质性。在时期较短、资本存量数据的质量不好、增长过程（模型）异质等条件下应该采用劳均产出，反之则应该采用全要素生产率。除了对于效率的度量外，劳均产出还与收入水平和福利紧密联系，而全要素生产率常常与技术进步和效率相联系。同时，在适当的模型假设下，劳均产出还可以分解为全要素生产率和其他投入要素的组合，即全要素生产率是劳均产出的一个组成部分。对于这一问题，本书在后面还将详细加以论述。Sargent 和 Rodriguez（2001）还证明了，在一定的新古典模型假设下，当经济处在平衡增长路径上时，经济增长完全来自于技术进步。在这种情况下，劳均产出增长率等于全要素生产率增长率。

劳均产出的含义是明确的，但关于全要素生产率的含义和测算，一直充满了争议，特别是全要素生产率和技术进步之间的关系问题。在 Krugman（1994）提出著名的对于“东亚奇迹”的批判之后，全要素生产率的内涵和度量得到了进一步的研究。许多学者，如 Prescott（1998）等对目前全要素生产率的测算方法提出了质疑，认为应该建立一个全新的全要素生产率理论。虽然全要素生产率在测算方法方面已经取得了很大的进展，这在前面已经有所描述，但是目前国际学术界关于全要素生产率的研究和官方统计中普遍采用的还是以增长核算法为基础的计算方法。这一点可以从经济合作与发展组织关于生产率估算的手册（OECD，2001）中看出来。要想建立新的全要素生产率理论，就必须推翻现有的核算体系，这意味着建立全新的生产者行为理论和厂商理论，虽然也有学者对生产者行为理论中利润最大化目标函数提出挑战，例如建立销售最大化（Baumol，1967）、管理效用最大化（Williamson，1964）和利润满意（Simon，1959）等目标函数，但显然，完全改变现有核算体系的时机还没有成熟。

2.2 生产率的分解和决定

2.2.1 封闭条件下生产率的分解和决定

2.2.1.1 劳均产出的分解和决定

经济增长与发展的决定是经济增长与发展研究的核心，其目的在于甄别经济增长和发展的决定因素，即经济增长和发展的源头问题。经验研究主要包括了两个方面的问题，即增长核算（Growth Accounting）和发展核算（Development Accounting）问题。增长核算主要研究产出增长率的差异及其原因，发展核算主要分析产出水平的差异及其原因。增长核算或发展核算主要采用Solow（1957）的做法，研究要素积累和全要素生产率对经济增长率或发展水平的贡献。本书的研究基本属于发展核算的范畴。

劳均产出分解的目的是研究投入要素和技术进步等对劳均产出的贡献以及跨国或跨地区劳均产出差异的原因。劳均产出的分解方法主要有三种：Christensen等（1981）提出的方法、Hall和Jones（1999）提出的方法以及Kumar和Russell（2002）提出的方法。

（1）Christensen等（1981）提出的方法。该方法以一个国家作为参照点，与其他国家进行比较。采用的生产函数是超越对数生产函数，其中生产率是在对投入要素进行算术加权平均的基础上采用对数差分的形式计算出来的。由于这种分解方法比较复杂，而其结果与Hall和Jones（1999）提出的方法得到的结果相似，因此后来很少有人使用。

（2）Hall和Jones（1999）提出的方法。Hall和Jones（1999）以Solow（1957）的核算方法为基础，通过柯布—道格拉斯生产函数的变形，将劳均产出分解成物质资本（资本产出比）、劳均人力资本和全要素生产率。分解公式如下：

$$y_i = \left(\frac{K_i}{Y_i}\right)^{\frac{\alpha}{1-\alpha}} h_i A_i \qquad (2-1)$$

其中y_i是劳均产出，K_i为物质资本，Y_i为产出，α为资本的收入份额，h_i为劳均人力资本，A_i为全要素生产率。在这里采用资本产出比而不是资本劳动比的原因有两点：一是在平衡增长路径上，资本产出比与投资率成比例，这样这种形式的分解就会有一个自然的解释；二是如果保持投资率不变，假设一个国家产生了外生的生产率增长，经过一段时间以后，生产率的增长会提高资本劳动比，这样就会将一部分原本属于生产率带来的经济增长归结于资本的贡献。Hall和Jones（1999）的研究结果表明跨国全要素生产率水平存在巨大的差异，而资本积累和教育水平只能解释跨国劳均产出差异的一部分。Klenow和Rodriguez-Clare（1997）采用同样的方法发现人力资本和物质资本只能解释1960—1985年大约50%的跨国劳均产出水平差异，并只能解释10%的增长率变化。Easterly和Levine（2001）也发现要素投入无法解释跨国产出差异的大部分。但由于这一方法计算比较简便，所以得到了广泛的应用，其结果得到了许多经验研究的支持，因此被称为劳均产出的标准分解方法。

（3）Kumar和Russell（2002）提出的方法。Kumar和Russell（2002）采用非参数的数据包络分析方法把劳均产出分解为技术进步（生产前沿的移动）、技术赶超（相对于生产前沿的移动）和资本积累（沿着生产前沿的移动）三个部分。为了进行分解，首先必须计算世界生产前沿并计算出样本国家的Farrell效率指数。其中世界生产前沿的构造采用了非参数的确定性生产前沿方法，即数据包络分析方法。规模报酬不变的第t期世界生产前沿（Farrell Cone）可以用下式定义：

$$T_t = \left\{ (Y,\ L,\ K) \in R_+^3 \;\middle|\; Y \leqslant \sum_j z^j Y_t^j,\ L \geqslant \sum_j z^j L_t^j,\ K \geqslant \sum_j z^j K_t^j,\ z^j \geqslant 0\ \forall j \right\} \tag{2-2}$$

其中，Y为产出，L为劳动，K为资本。这样构造出的世界生产前沿实际上是分段线性的一个凸锥（Convex Cone）。在构造出世界生产前沿以后，就可以通过下面的线性规划技术求出每个国家的Farrell效率指数：

$$\begin{aligned} &\min_{\{\Phi^j, z_1, \cdots, z_{28}\}} \pi^j \\ \text{s. t.}\quad &\frac{Y^j}{\pi} \leqslant \sum_{i=1}^{28} \lambda^i Y_t^i \\ &L^j \geqslant \sum_i \lambda^i L_t^i \\ &K^j \geqslant \sum_i \lambda^i K_t^i \\ &\lambda^i \geqslant 0\ \forall i \end{aligned} \tag{2-3}$$

式（2-3）求出的π值就是j国在时期t的Farrell效率指数。

在求出效率指数之后，用$y = Y/L$，$k = K/L$则潜在劳均产出可以用$\bar{y}(k) = y(k)/e$表示，其中$y(k)$表示实际劳均产出，e表示效率指数。然后经适当变化即可得：

$$\frac{y_{t+1}}{y_t}=\frac{e_{t+1}}{e_t}\cdot\frac{\overline{y}_{t+1}\ (k_{t+1})}{\overline{y}_t\ (k_t)} \tag{2-4}$$

在式（2－4）右边分子、分母各乘以$\overline{y}_t(k_{t+1})$可得：

$$\frac{y_{t+1}}{y_t}=\frac{e_{t+1}}{e_t}\cdot\frac{\overline{y}_{t+1}\ (k_{t+1})}{\overline{y}_t\ (k_{t+1})}\cdot\frac{\overline{y}_t\ (k_{t+1})}{\overline{y}_t\ (k_t)} \tag{2-5}$$

这样就将从第 t 期到第 $t+1$ 期劳均产出的变化分解为技术赶超（即效率的变化，右边第一项）、技术进步（即技术的变化，右边第二项）和资本积累（即资本的变化，右边第三项）三个部分。

由于该分解方法不需要设置函数的形式，因而避免了生产函数误设可能带来的问题。Kumar 和 Russell（2002）的分析表明，技术是要素非中性的，经济增长和收入分布的发散主要是由资本积累造成的。Henderson 和 Russell（2005）采用类似的技术又进一步将劳均产出分解为四个部分：技术进步、技术赶超、人力资本积累和物质资本积累。采用的方法还是非参数的确定性生产前沿方法，分析发现，劳均产出的增长和分布离散度的增加主要是由物质资本和人力资本的积累带来的，而且二者的作用几乎相等；国际分化（表现为从单峰到双峰分布的转变）主要是由物质资本积累和效率的改变造成的。

除了考察要素积累和全要素生产率在经济增长和发展中的作用（近因分析，Proximate Causes Analysis）之外，增长和发展的决定研究还考察其他因素对于经济增长和发展的作用。增长和发展的决定因素是多种多样的，Durlauf 等（2005）总结出的被现有文献证实显著影响经济增长和发展的因素多达 145 个。在众多的增长和发展决定因素中，他们认为基本因素主要包括：经济制度（Knack & Keefer，1995；Hall & Jones，1999；Acemoglu，Johnson & Robinson，2001 等）、法律和政治体系（La Porta，Lopez-de-Silanes，Shleifer & Vishny，1997；La Porta，Lopez-de-Silanes，Pop-Eleches et al.，2004）、气候条件（Masters & McMillan，2001）、地理条件（Frankel & Romer，1999）、种族分化（Easterly & Levine，2001）和文化（Barro & McCleary，2003）。这些基本因素不但简化了分析模型，还为近因分析提供了有效的工具变量。

由于存在众多的增长决定因素，因此促进了对于增长决定因素稳健性的研究。较早研究此问题的是 Levine 和 Renelt（1992），他们采用 Leamer 等

(1983) 提出的极限边界分析法 (Extreme Bounds Analysis), 发现只有产出中的投资份额才是稳健性决定因素。但极限边界分析法存在过度风险厌恶的问题, 因此采用这种方法使得绝大多数增长决定因素无法通过检验。Hoover 和 Perez (2004) 甚至发现即使采用模型本身产生的数据也无法通过检验的情况。为了改善极限边界分析法中过度保守的检验方法, Sala-i-Martin (1997) 提出了一种新方法, 并采用经验研究中符号相同且显著的概率来作为判断标准。他采用的显著性概率为95%, 即一个变量如果在不同回归中有95%以上的符号相同且显著则被认为是稳健的。

稳健性决定因素分析的另一重要方法是模型平均方法 (Model Averaging Approach), 由 Leamer (1978) 提出, 在近年来得到较多的应用。这些方法识别出一些重要的稳健性跨国经济增长决定因素: 如初始收入、物质资本积累率、以中学教育水平度量的人力资本、预期寿命、政治稳定性、贸易开放度、以儒教人口 (Confucian) 和新教人口 (Protestant) 度量的文化变量等。

2.2.1.2 全要素生产率的分解和决定

全要素生产率的分解方法前面已经有了介绍, 主要有采用参数估计的随机前沿生产函数法和非参数的 Malmquist 指数法。一般的做法是将全要素生产率分解为技术进步、效率和规模效率等组成部分, 并分析各个部分对经济增长和发展的贡献。由于前面已经有所介绍, 所以此处从略。

全要素生产率的分解也是为了研究全要素生产率各组成部分对全要素生产率的贡献。但目前有关全要素生产率决定的研究主要还是把全要素生产率作为广义技术进步的替代变量, 来研究研发投入和人力资本等对全要素生产率的作用。全要素生产率决定研究的理论基础主要建立在内生增长理论之上。作为内生增长理论的奠基人之一 Romer (1986) 将规模收益递增的概念引入增长模型, 在他的模型中, 规模收益递增的来源是知识积累, 知识积累是长期经济增长的基础。Lucas (1988) 采用了 Romer 的规模收益递增观点, 但 Lucas 将规模收益递增的基础建立在人力资本外部性的基础之上, 认为人力资本才是经济增长的驱动力, 按照这一理论, 如何提高人力资本就成为经济增长的核心问题。Lucas 的这篇文章奠定了经济增长模型中人力资本模型的基础。

Romer (1990) 研究了内生的技术变迁过程, 并将技术创新完全地内生于模型之中。Romer 认为, 技术创新才是经济长期增长的基本动力, 在该模型中, 技术创新通过中间投入品种类的增加来表示, 技术创新是追求垄断利润的厂商进行研发活动的结果。这样，Romer 就为技术创新找到了一个普遍接受的微观经济基础，Romer 的研究为新增长理论中的研发模型奠定了基础。作为对 Romer 中间投入品种类增加型技术进步的补充，Grossman、Helpman（1991）以及 Aghion、Howitt（1992）建立了产品质量改进型的内生技术进步模型。与 Romer 不同，在这类模型中，技术创新是通过产品质量的提高来实现的，因此，这类技术创新被称为垂直创新（Vertical Innovation），而 Romer 的中间投入品种类增加型技术创新被称为水平创新（Horizontal Innovation）。

研发对生产率的作用得到了许多文献的证实。例如，Jones（2002）用增长核算法研究了美国经济增长的源泉，结果发现，平均人力资本的增加解释了 30% 的每小时产出的增长，剩余的 70% 则可以被归因于美国、法国、德国、英国和日本的知识（Ideas）存量的上升。Aghion 和 Howitt（1998）用美国的研发支出数据研究了研发对生产率的影响，其结果也支持研发模型的结论。一些微观层面的研究也为内生增长理论中的研发模型提供了支持。如 Griliches（1986）研究了美国制造业企业的研发努力和生产率之间的关系，他发现企业的研发努力和全要素生产率之间存在显著的正相关关系。Mohnen（1996）也指出，一项研究将美国全要素生产率增长的 40% 归因于研发溢出效应，而另一研究将日本全要素生产率的 66% 增长归因于美国的研发增长。除了研发对全要素生产率的直接作用，即研发通过促进创新对全要素生产率的作用，Griffith 等（2004）还指出，研发增强了企业吸收技术外溢的能力，促进了技术转移，从而间接地提高了生产率，即研发对生产率的作用具有“两面性”，作为吸收能力是研发的“另一面”。他们用 OECD 中 12 个成员国家 1974—1990 年的面板数据证实研发对全要素生产率确实存在两面性。

Nelson 和 Phelps（1966）等很早就注意到人力资本对全要素生产率的影响，并认为全要素生产率主要由两个因素决定：人力资本以及实际技术与潜在技术之间的差距。但他们并没有将这一思想用主流经济学的范式使之形式化。沿着这个方向多名学者都发现人力资本对全要素生产率产生了显著的促进作用（Benhabib & Spiegel，1994；Aiyar & Feyrer，2002；Benhabib & Spiegel，2005）。Vandenbussche 等（2006）则进一步认为，既然技术进步来自于创新和模仿，那么对处于不同发展水平的国家和地区而言，不同水平的人力资本对于全要素生产率的作用也会有所不同。创新对于人力资本有更高的要求，因此他们认为具有较高教育水平的人力资本对技术发达国家的经济增长有更高促进作用。然而，也有学者对于人力资本与经济增长及全要素生产率之间的关系持不同的意见，例如 Pritchett（2001）研究发现人力资本对经济增长并没有显著的影响，而人力资本对全要素生产率则具有显著的负面影响。Bils 和 Klenow（2000）也认为 Barro（1991）等所发现的教育与经济增长之间的正相关关系不是教育对经济增长的影响，相反，经济增长对教育的影响更为显著和稳定。虽然上述实证结果似乎不支持人力资本模型的结论，但这些学者并不怀疑人力资本对生产率的作用，而是怀疑作为代理变量的入学率和平均受教育年限等是否能够真正地代表人力资本。例如，Pritchett（2001）怀疑学校教育是否真正产生了有利于生产的技能，而社会对于受教育人才的配置也不一定会促进生产率的增长。因此，考虑到不同国家在人力资本配置有效性方面的差别，人力资本对全要素生产率的作用可能会出现不同的国家模式。

也有学者研究我国地区劳均产出和全要素生产率的分解和决定。如颜鹏飞和王兵（2004）采用 Malmquist 指数法将全要素生产率分解为技术效率和技术进步，并得出我国全要素生产率增长主要来自技术进步的结论。郭庆旺等（2005）也采用 Malmquist 指数法将我国全要素生产率的变化分解为效率变化和技术进步率，发现我国省份经济增长差异主要是由全要素生产率特别是技术进步率的差异造成的。傅晓霞和吴利学（2006a）采用随机前沿生产函数法将劳均产出差别分解为劳均资本差别、经济规模差别和全要素生产率差别，利用省际面板数据分析了我国地区收入差别的原因，结果发现全要素生产率是我国地区劳均产出差异的重要因素，而且其重要性有增加的趋势。王志刚（2004）采用超越对数生产函数的随机前沿模型将全要素生产率分解为效率和技术进步，发现全要素生产率增长率主要由技术进步率决定。此外还发现，国有化程度和财政支出占 GDP 的比重对生产率有负面影响，出口占 GDP 的比重、初始人力资本对生产率有正面影响。

2.2.2 开放经济条件下的生产率决定

如前所述，内生增长理论认为，创新是促进生产率增长的重要因素，近年来的研发模型更加强调一国研发努力对本国生产率的促进作用。然而，在一个高度相互依赖的世界里，仅仅研究国内因素对生产率的影响显然无法全面理解生产率的决定。Rivera 和 Romer（1991）将 Romer（1990）的分析框架拓展到两国开放经济条件下，以研究两个国家之间的经济一体化如何影响两国的经济增长。如果技术外溢能够实现的话，经济一体化就可以促进两国甚至世界经济的增长。Feenstra（1996）认为如果研发的技术外溢效应局限于一国之内，那么开放会损害小国的经济增长。

Grossman 和 Helpman（1991）系统研究了开放经济条件下的经济增长问题，他们揭示了国际范围内的“干中学”（Learning by Doing）和研发投资影响经济增长与生产率的机制。“干中学”是指积累的产出对一个行业的全要素生产率形成的一种正效应，即一个行业过去积累的产出水平越高，则其积累的知识存量越高，其生产率也越高。“干中学”国际溢出的程度不但影响外贸结构，也会影响各国的经济增长率。考虑到95%以上的世界研发活动是在少数发达国家进行的，如果研发的利益仅仅局限于一国之内，那么研发就会产生国际收入水平的主要差别，因此考察研发的国际溢出具有非常重要的意义。现有文献已经发现了许多国际技术溢出的渠道和机制，Grossman 和 Helpman（1991）详细地研究了这些渠道，主要包括：①市场规模效应。进入更大的市场提高了研发活动的收益率，因而促进了研发投资。②竞争效应。开放经济使得国内企业面临国外企业的竞争。竞争一方面可能损害企业利润从而减少研发投入；另一方面也可能促使技术领先者加快技术更新速度以摆脱跟随者的竞争，这样对外开放就可能促进对研发的投入。③对外开放改变了国内要素价格。如果贸易和外商直接投资等开放因素降低了研发成本，则促进了研发投资，否则会降低研发投资。④减少了研发竞争中的冗余。在封闭经济条件下，一国企业不一定要将自己的研发产品与别国产品相区别，而只需要与国内其他企业的产品区别开来就可以了，因此常常存在重复研发。在开放经济条件下，为了减少竞争，产品差别化策略会促使企业将自己的研发区别于国内外其他企业，这样对外开放可以避免国际范围内的重复研发。⑤增加了中间投入品的种类。对外开放提供了获得国外中间投入品的机会，显然，更多的中间投入品会提高全要素生产率水平。⑥知识存量的共享降低了每个国家的研发成本。类似于“干中学”机制，经济开放提高了研发知识的共享程度，因此提高了研发的效率，促进了经济收敛。Grossman 和 Helpman（1991）指出，只要研发知识存量是共享的，长期的贸易和增长模式与各国的初始条件无关。需要注意的是，Grossman 和 Helpman（1991）并没有指出对外开放和生产率之间存在确定的关系，对外开放既可能促进也可能阻碍生产率增长。

为了解释国际收入差距扩大的事实，Basu 和 Weil（1998）提出了“适宜技术”（Appropriate Technology）的概念，认为技术是要素特定的，发达国家研发的技术不一定适合发展中国家的要素禀赋组合，因此技术外溢即使没有任何其他的壁垒，其成本也是存在的，且溢出速度将是缓慢的。因此，技术适宜性促进了国际收入的发散。也有许多研究（Keller，1996；Griffith et al.，2004；Durham，2004）引入了“吸收能力”（Absorptive Capacity）的概念，认为一个国家或企业的研发强度、人力资本状况等会影响其吸收国外技术的能力。

为了检验知识的国际溢出对生产率的影响，许多学者做了大量的经验分析。Coe 和 Helpman（1995）的研究采用 1970—1990 年 22 个工业化国家的面板数据，发现外国研发存量解释了约 60% 的全要素生产率跨国差别，而且还发现，经济越开放的国家生产率水平越高；一国的外国研发存量越大，其生产率获益也越大。Coe 等（1997）将同样的检验方法应用于 1971—1990 年 77 个发展中国家，发现外国研发资本存量解释了发展中国家 20% 的全要素生产率水平差别。为了量化研发对经济增长路径的影响，Bayoumi、Coe 和 Helpman（1999）将 Coe 等（1997）提出的估计方程加入国际货币基金组织的多元模型中，以模拟研发投资的扩张对各个国家和地区的经济影响。研究显示，欠发达国家从工业化国家的研发扩张中得到了巨大的收益，但工业化国家从创新中获得的收益超过了欠发达国家，投资于创新扩大了国际收入差距。Lumenga-Neso（2005）和 Madsen（2007）等的经验研究也都发现以贸易为渠道的跨国技术转移显著地促进了全要素生产率的增长。

贸易和经济增长关系的检验研究常常受到解释变量内生性的批评，因为绝大多数研究都没有考虑贸易量的内生性和出口为 GDP 一部分的事实。为了克服内生性问题，Frankel 和 Romer（1999）采用以地理特征和国家间距离为解释变量通过引力模型（Gravity Model）所预测的贸易流量为工具变量，以此来估计贸易量占 GDP 的比率对人均收入的影响。他们发现对外开放对人均收入有非常显著的影响，贸易开放度提高 1%，人均收入提高 2%。如果将贸易对收入的影响分解为资本积累、教育和全要素生产率三个部分，其中产生最大影响的是全要素生产率。

然而，也有少数学者对进口渠道的技术溢出表示怀疑。例如，Keller（1998）采用和 Coe 与 Helpman（1995）同样的模型发现，在某些条件下随机产生的双边贸易份额产生的结果甚至比 Coe 和 Helpman（1995）得到的结果更显著。Kao 等（1999）通过纠正 Coe 和 Helpman（1995）OLS 估计的偏差以后，发现进口知识的估计系数不再显著。可见，关于技术外溢存在与否的争论可能还要持续下去。

国内学者利用我国数据进行的研究多认为国际贸易和外商直接投资促进了我国的技术进步和经济增长。何洁与许罗丹（1999）借鉴 Feder（1982）的计量方法，利用生产函数建立了计量方程，发现外商直接投资带来的技术水平每提高 1%，我国工业企业的产出就提高 2.3%。赖明勇等（2005）采用 1996—2002 年我国 30 个省市的面板数据，分析了进口贸易、外商直接投资两个技术外溢渠道，发现这两个渠道对我国都产生了技术外溢效应。同时，他们发现以人力资本、国内研发和贸易开放度为指标的吸收能力变量促进了进口和外商直接投资的技术溢出效应。沈坤荣和李剑（2003）考察了贸易和人均产出之间的作用机制，并采用我国 1978—1999 年的数据进行检验，发现国际贸易通过提升国家要素禀赋结构和加快制度变革进程对人均产出产生了促进作用，但贸易对产出的影响独立于人力资本。李小平和朱钟棣（2004）采用我国面板数据检验了技术溢出的门槛效应。潘向东等（2005）研究了制度安排在对外贸易影响经济增长过程中的作用机制，发现产权保护程度的影响最大。李小平和朱钟棣（2004）采用 6 种计算外国 R&D 资本和国际 R&D 溢出回归的方法，首次就国际 R&D 溢出对中国工业行业的技术进步增长、技术效率增长和全要素生产率增长的影响作了实证分析。认为基于国际贸易渠道的 R&D 溢出促进了中国工业行业的技术进步、技术效率及全要素生产率增长。

何洁（2000）建立内、外资部门的生产函数，使用 1993—1997 年我国 28 个省市自治区的工业部门共 140 个相关数据进行分析，发现外商直接投资在各省市工业部门中均存在明显的正向外溢效应，并且在经济发展水平越高的地区，外溢效应越明显。沈坤荣和耿强（2001）采用 1987—1998 年我国 29 个省市数据发现外商直接投资对我国经济增长有显著的促进作用。但同时也发现，外商直接投资的不平衡分布加剧了地区之间的不平衡发展。王成岐等（2002）发现我国内资企业在 1995—2001 年绩效的改善与同期外商直接投资的流入紧密相关，且当地经济技术水平和政策因素强烈影响外商直接投资对本地经济增长的作用。陈涛涛（2003）认为企业规模差距、资本密集度差距和技术差距等行业特征是影响外商直接投资行业内技术溢出效应的关键要素，并对其进行了多种方法的计量检验，结果表明在内、外资企业竞争能力差距较小的行业，溢出效应相对易于产生。蒋殿春和夏良科（2005）以及蒋殿春和张宇（2006）运用面板数据模型分析了我国高新技术产业中技术外溢效应的存在性及行业特征对技术外溢效应的影响，结果发现技术差距、技术密集程度、市场结构和行业开放度等行业特征对技术外溢产生了显著的影响。潘文卿（2003）采用1995—2000年我国30个省市工业部门的面板数据分析了外商直接投资对中国工业部门的技术外溢效应，指出20世纪90年代后期，中国工业部门引进外商直接投资在总体上对内资部门的产出增长起到了积极的促进作用，外商投资的技术外溢效应为正，但这种外溢效应较小。魏后凯（2002）采用我国1985—1999年的数据研究了外商直接投资对我国地区收入差距的影响，结果发现外商直接投资解释了我国96%以上的地区收入差异。不过，他的研究存在遗漏变量的问题，因此高估了外商直接投资对地区收入差距的解释程度。虽然绝大多数基于地区和行业数据的研究都发现外商直接投资对我国经济增长存在促进作用，但也有研究显示外商直接投资对我国技术外溢效应不明显。例如，姚洋和章奇（2001）利用1995年中国工业普查的39个行业37 769家企业的数据研究发现外商直接投资在行业内并没有产生显著的技术外溢效应。

2.2.3 国内外对于我国地区收入差距和决定因素的研究

近年来，鉴于我国地区发展差距渐趋拉大的事实，国内外学者也对我国各地区收入差距及其决定因素做了大量的理论和经验研究，但主要集中于收敛分析和增长核算分析。如Jian等（1996）从新古典收敛理论出发，结合β收敛和σ收敛方法分析了我国省际收入的收敛问题，发现1978—1985年存在条件收敛，在回归时他们的控制变量是农业占总产出的份额和是否属于沿海地区有关的一个虚拟变量，但1985年之后发生了发散。蔡昉和都阳（2000）研究了中国地区经济的收敛，认为我国东部、中部和西部存在俱乐部收敛。沈坤荣和马俊（2002）发现我国地区经济不仅存在明显的俱乐部收敛，还存在着条件收敛。彭国华（2005）的研究也认为我国地区劳均收入只存在条件收敛，而不存在绝对收敛，同时他还发现全要素生产率解释了我国地区收入差距的主要部分。赵伟和马瑞永（2005）考察了经济增长收敛的微观因素：资本、技术和劳均产出在经济增长收敛中的作用。上述文献主要还是采用传统的β收敛和σ收敛来研究地区劳均产出的分布，我们知道，不管β收敛还是σ收敛都只能得出平均意义上的结果。因此，关于中国地区收入的分布状况和发展趋势还有待更加深入的研究。

关于造成我国地区收入差距的主要因素的研究，早期的文献多归因于要素积累。如李京文和钟学义（1998）、Chow和Lin（2002）、傅晓霞和吴利学

(2006b）等都认为中国地区发展差距的主要源泉是要素积累，特别是物质资本积累。近来许多文献借鉴 Hall 和 Jones（1999）的研究方法认为全要素生产率才是造成我国地区收入差距的主要因素。如彭国华（2005）和李静等（2006）分析认为全要素生产率解释了我国地区收入差距的主要部分。Henderson 等（2007）采用非参数的生产前沿方法将 1978—2000 年我国劳均产出的变化分解为效率的变化、技术进步的变化和要素积累的变化。结果发现，技术进步和人力资本积累是造成我国地区收入差距的关键因素。郭庆旺等（2005）也认为全要素生产率特别是技术进步才是造成地区收入差异的主要因素。

研究地区收入差距的原因具有重要的政策意义，如果地区收入差距的来源是要素积累，就可以从造成落后地区要素积累不足的原因入手来缩小地区发展差距；如果地区收入差距的原因是全要素生产率，那就需要从技术进步和其他决定全要素生产率的因素着手来促进落后地区的发展。上述文献虽然对决定地区收入差别的因素进行了探讨，但讨论主要还是集中在到底是全要素生产率还是要素积累造成我国地区收入差距的主要原因方面，对于全要素生产率本身的考察并不是很多，考虑到全要素生产率是对我们“无知”的度量，如果不能够有效地打开全要素生产率这个“黑匣子”，那么我们就无法对其结果进行透彻地解释，从而无法得出具体明确的政策含义。同时，全要素生产率和要素积累之间存在密切的关系，目前还没有发现有学者详细研究我国全要素生产率和要素积累之间的关系。将来的研究应该在这两个方面有所突破。

2.3 对国内外研究的总结与述评

本章对有关生产率的研究做了一个比较系统的梳理和分析。本章第 1 节介绍了对于生产率本身概念和性质的一些研究。从生产率概念的提出到发展过程可以看出，经济学家们对于生产率的研究是伴随着经济增长理论的发展而发展的。古典经济学比较强调和偏重对于单要素生产率（如劳均产出和资本生产率）的研究，以 Solow 模型为代表的新古典经济增长理论强调资本积累对经济增长的作用，但对全要素生产率和技术进步这一经济增长最重要也是最根本的因素没有给出令人信服的解释。因此有人说，Solow 模型似乎解释了一切，唯独没有解释经济增长。正是对全要素生产率和技术进步的深入研究产生了内生增长理论。为了澄清概念，我们也分析了劳均产出与全要素生产率之间的内在联系和差别。本章还总结了全要素生产率测算的四种主要方法：增长核算法、指数法、基于数据包络分析的 Malmquis 指数法、随机前沿生产函数法，并比较分析了各自的优点和不足。在此基础上，本章第 2 节介绍了现有文献关于生产率分解和影响生产率的因素及其机制的研究。首先介绍了封闭经济条件下的生产率决定研究。对于劳均产出的分解和决定，主要介绍了发展核算分析中为了研究要素积累和全要素生产率对劳均产出的贡献而产生的三种方法：Christensen 等（1981）提出的方法，Hall 和 Jones（1999）提出的方法以及 Kumar 和 Russell（2001）提出的方法。而对于全要素生产率，考虑到其与技术进步之间的紧密联系，从内生理论和经验分析着手，介绍了研究研发投入和人力资本对全要素生产率影响的相关文献。然后，将生产率决定的研究拓展到开放经济条件下，阐述了学者们对国际技术外溢渠道和机制的研究。最后介绍了国内外学者们对于我国地区收入差距和决定因素的研究。

从上面的文献分析中可以看出，现有文献在以下几个方面的研究还存在不足：

第一，现有文献将劳均产出决定的研究和全要素生产率决定的研究割裂开来，缺乏对于全要素生产率决定因素和劳均产出决定因素之间关系的详细考察。众所周知，在新古典理论的平衡增长路径上，劳均产出的增长将全部来自全要素生产率的增长。内生模型所强调的研发、人力资本和技术外溢等技术进步的决定因素是否通过全要素生产率进而影响劳均产出？即基础因素和中间因素影响全要素生产率和劳均产出的机制问题仍然有待澄清。虽然已经有不少文献尝试从不同的角度打开全要素生产率这个“黑匣子”，但研究仍然是非常初步的。这些问题都需要进一步的研究来加以探讨。

第二，目前对于我国地区收入差距的研究并没有得出一个比较一致的结果，有些文献将发展差距主要归因于要素积累（李京文，钟学义，1998；Chow & Lin，2002）。而另一些文献认为全要素生产率是我国地区收入差距的主要决定因素（彭国华，2005；李静等，2006）。上述文献之所以会产生分歧，除了所研究的时期和数据的准确性不同之外，主要还是研究方法上的问题。多数研究都采用一种方法，不同研究之间缺乏可比性，没有通过多种方法的综合比较分析得出比较稳健的结论。这样就无法根据目前的研究结论得出正确的政策建议，降低了研究对政策实践的指导意义。

第三，现有文献要么研究国内研发和人力资本对全要素生产率的作用（Nelson & Phelps，1966；Aiyar & Feyrer，2002；Benhabib & Spiegel，2005），要么研究国内研发和国际技术外溢对全要素生产率的影响（Coe & Helpman，1995；Lumenga-Neso et al.，2005），目前还很少有文献将国内研发、技术外溢和人力资本纳入一个框架之内来综合研究全要素生产率的决定。在一个统一框架下考察有两个方面的好处：一是便于分析不同因素对全要素生产率作用的程度及其交互影响，特别是国内研发和人力资本都可能影响本国对于外国技术溢出的吸收；二是可以避免由于遗漏变量所带来的偏误问题，虽然面板数据模型可以将未考虑的因素归入固定效应项，但前提条件是这些因素不随时间发生变化，这一条件显然很难得到满足。同时，多数研究都采用了跨国面板数据。与跨国面板数据相比，采用国内面板数据有利于降低样本的非观测效应，如文化、制度等带来的影响，因为与跨国样本相比，国内样本具有更大的同质性（Homogeneity）。

第四，在研究劳均产出和全要素生产率决定的文献中，绝大多数文献都没有对解释变量如人力资本、研发水平、贸易和外商直接投资等的内生性进行有效的控制，而这些变量的内生性是显而易见的。我们知道，在存在内生性的条件下采用普通 OLS 估计得出的结果是有偏误的。许多实证研究（Caselli et al.，1996；Carkovic & Levine，2002）已经证明，在对解释变量的内生性进行有效控制的情况下得出的结果与普通 OLS 回归的结果存在很大的差异。

3 我国地区劳均产出的动态分布及其决定

3.1 引 言

有关国家或地区发展差异的研究一直是经济学界研究的一个热点领域。现有文献对经济发展差异的研究主要采用参数回归的方法，即所谓的β收敛分析。这里的β是指经济增长率对初始收入水平回归所得的系数，如果该系数显著为负，则认为发生了收敛，否则发生了发散。单独回归时称作绝对收敛，如果增加一些控制变量，即为条件收敛，这些控制变量代表收敛的稳态水平。虽然该方法由于其研究工具的便利性得到了广泛的使用，但在应用上存在一些重要的缺陷。第一，作为一种回归方法，得到的是一种平均意义上的结果，无法揭示收敛的复杂性，如收敛的动态性、非线性和多重稳态等带来的极化收敛和多峰收敛；第二，Friedman（1992）和Quah（1993a）等指出负的β系数并不必然意味着发散程度的下降；第三，当我们将收敛分析从绝对收敛转向条件收敛时，那么控制变量的选择会极大地影响回归的结果，甚至得出相反的结论；第四，收敛经验研究中的内生性问题也常常受到研究者（Goetz & Hu，1996；Fiaschi & Lavezzi，2004；Durlauf et al.，2005）的批评。因此，为了研究收入随时间的收敛程度，有的研究者提出用标准差的变迁来检验是否产生收敛，即σ收敛。但σ收敛分析也只能提供关于离散程度的度量信息。为了进一步揭示收敛的复杂性，Quah（1993b，1996）将随机过程理论引入收敛分析，提出了动态分布方法（Dynamic Distribution Approach）。动态分布方法的优点是能够通过分布密度判断收敛的区间和程度，并通过转换概率矩阵和遍历分布来揭示收敛过程的动态性和长期趋势。

近年来，鉴于我国地区经济发展差距明显扩大的事实，国内外学者也对我国各地区经济收敛做了大量的分析研究。如蔡昉和都阳（2000）研究了我国地区经济的收敛，认为我国东部、中部和西部存在俱乐部收敛。沈坤荣和马俊（2002）发现中国地区经济不仅存在明显的俱乐部收敛，还存在着条件收敛。而王志刚（2004）采用改革开放后的横截面数据和面板数据证明我国各地区并不存在条件收敛。彭国华（2005）采用动态面板数据回归方法发现全国范围内只存在条件收敛，没有绝对收敛，俱乐部收敛只存在于东部地区。出现上述争议的原因主要有两个方面：一是研究样本时期的不同；二是研究方法上的差异，特别是在条件收敛分析中控制变量的选择会严重影响回归的结果。因此，这些研究结果的可比性较差。

对于我国地区收入差异的原因，学界也存在较大的分歧。彭国华（2005）和李静等（2006）分析认为全要素生产率解释了我国地区收入差距的主要部分。傅晓霞和吴利学（2006a）采用随机前沿生产函数将劳均产出差距分解为劳均资本差异、经济规模差异和全要素生产率差异，利用省际面板数据分析了我国地区发展差异的原因，结果发现全要素生产率是我国地区劳均产出差异的重要因素，而且其重要性有增加的趋势。与此不同，赵伟和马瑞永（2005）考察了经济增长收敛的微观因素——资本、技术和劳均产出水平在经济增长收敛中的作用，并认为资本和劳均产出水平是我国地区经济发散的主要原因。徐现祥和舒元（2005）利用 O'Neill（1995）的研究框架分析了物质资本积累、人力资本和地区收敛之间的关系，也认为 20 世纪 90 年代以来导致内地和沿海差距扩大的原因主要是资本积累。产生上述分歧的原因除了研究样本时期的不同外，最主要的还是研究方法的不同，特别是在地区发展差异分解方法和全要素生产率测算方法上的不同。虽然上述文献对我国地区经济发展差异做了较为详细的研究，但由于主要采用了参数回归方法，在方法上存在两个问题：一是变量的内生性问题，即经济增长和要素积累、生产率之间的内生性问题，没有得到很好的解决；二是参数回归方法所固有的平均性质导致其无法揭示收敛的动态性和长期趋势。

本章试图采用 Quah（1993b）的动态分布方法结合核密度函数来深入分析我国劳均产出的分布状态、动态演进过程和趋势及其与资本积累、全要素生产率等变量之间的关系。本章结构安排如下：第二部分对本章所用分析方法和数据进行说明；第三部分分析我国劳均产出的动态分布和历史演变过程；第四部分分析物质资本积累和劳均产出分布之间的关系；第五部分探讨全要素生产率和劳均产出分布之间的关系；第六部分用方差分解方法分析全要素生产率和物质资本积累对地区劳均产出差距的贡献；第七部分对本章进行小结。

3.2　方法和数据

3.2.1　核密度分布方法

核密度分布方法（Kernel Density Distribution）是研究地区收入分布形态最直观的方法之一，其优点是可以将各省区劳均产出的分布直观地通过核密度曲线图表示出来。现设随机向量 X 的密度函数为 $f(x)=f(x_1,\cdots x_n)$，X_1，X_2，…，X_n为其一组独立同分布的样本，则这组样本在点 x 的密度为：

$$f(x)=\frac{1}{Nh}\sum_{i=1}^{N}K\left(\frac{x-X_i}{h}\right) \tag{3-1}$$

其中，h 为带宽，带宽主要是为了控制核密度估计的平滑程度，其选取原则是均方误差最小，一般可由作图软件自动选择。N 为观测值的个数，$K(\cdot)$为核密度函数，核密度函数的种类很多，常用的有 Epanechnikov 核密度函数和正态分布核密度函数，我们采用前者，即

$$K(u)=\frac{3}{4}(1-u^2)I(|u|\leqslant 1) \tag{3-2}$$

其中，$I(\cdot)$ 为指标函数（Indicator Function），当括号内的不等式成立时取值为1，否则取值为零。

3.2.2　动态分布方法

经济收敛研究的动态分布方法最早是由 Quah（1993b，1996）提出的。该方法将人均收入的分布看作一个一阶 Markov 过程。如果用 $n\times 1$ 阶列向量 F_t来表示国家或地区在 t 时刻的人均收入分布情况，用 n 阶方阵 M 来表示一阶 Markov 转换概率矩阵（Transition Matrix），则 $t+1$ 期的分布可以表示为：

$$F_{t+1}=M'\times F_t \tag{3-3}$$

假设转换概率矩阵保持不变，则通过迭代可以得到任何 $t+s$ 期的人均收入分布，即

$$F_{t+s} = (M^s)' \times F_t \tag{3-4}$$

当 s 趋向无穷大时就可以得到该一阶 Markov 过程的遍历分布 F_E（Ergodic Distribution），即长期稳态分布。遍历分布具有这样的性质：

$$F_E = M' \times F_E \tag{3-5}$$

遍历分布意味着在长期里当转换概率矩阵时齐（即保持不变）时，人均收入的分布状态会演变成一种稳定的状态而不再变化，它是按照某种发展趋势所形成的长期均衡结果。

为了对我国地区发展差距有个全面的认识，本章的样本包括了1952—2005年我国30个省、自治区和直辖市的数据，重庆市由于建市较晚，因此其数据并入四川省。西藏和海南由于1977年以前的数据缺失而没有被包括进来，故只有28个省、自治区和直辖市的数据。各地区名义GDP数据、GDP平减指数等来自《新中国五十五年统计资料汇编》和各年度的《中国统计年鉴》。劳动力用社会从业人员来代替，数据主要来自《新中国五十五年统计资料汇编》和各年度的《中国统计年鉴》，个别地区缺失的数据来自该地区的统计年鉴。资本存量数据采用张军等（2004）的估计结果，这是目前国内最权威的一份资本存量数据。由于张军等（2004）的计算截至2000年，因此2000年以后的数据采用同样的计算方法加以补齐。劳均产出采用各地区GDP与社会从业人员之比，资本产出比为固定资本存量与GDP之比。GDP和资本存量数据都按1952年可比价格计算。

3.3 我国地区收入差距的动态演变

3.3.1 我国地区劳均产出分布的历史演变

本节我们首先用核密度函数来分析我国地区劳均产出分布的历史演变，以便对我国地区收入的分布状态有个基本的认识。为了便于分析，我们将各

地区劳均产出值除以同期平均值得到相对劳均产出，在分析中全部采用相对劳均产出。我们用 Epanechnikov 核密度函数估计并绘制了改革开放前和改革开放后一些代表年份的核密度分布图（见图 3－1 和图 3－2）。

（1）图 3－1 是改革开放前四个代表年份的省区劳均产出分布图。由图 3－1可见，从整体上看，改革开放前我国省区劳均产出呈现多峰收敛的状态，但主峰位于较低收入区间，在高收入区间则形成多个较小的波峰。表明除了少数地区（如上海、北京、天津等）收入较高外，我国绝大多数省区都位于低收入区间。比较 1952 年与 1960 年的核密度分布，可以发现 1960 年分布图的主峰相对下降并向高收入方向移动，其分布比 1950 年分散，这意味着在此期间我国地区劳均产出差距相对扩大。但此后这一过程发生逆转，到 1970 年，低收入区间的主峰相对升高，高收入区间的小波峰则向主峰靠拢，说明在此期间，地区收入差距缩小。再到 1978 年，主峰进一步升高，小波峰也继续向主峰收敛，地区收入差距进一步缩小。除了主峰较高外，1978 年劳均产出的分布形态与 1952 年非常相似。可见，1952—1978 年，我国省区劳均产出差距经历了从扩大到缩小的过程，但总体变化并不十分明显。

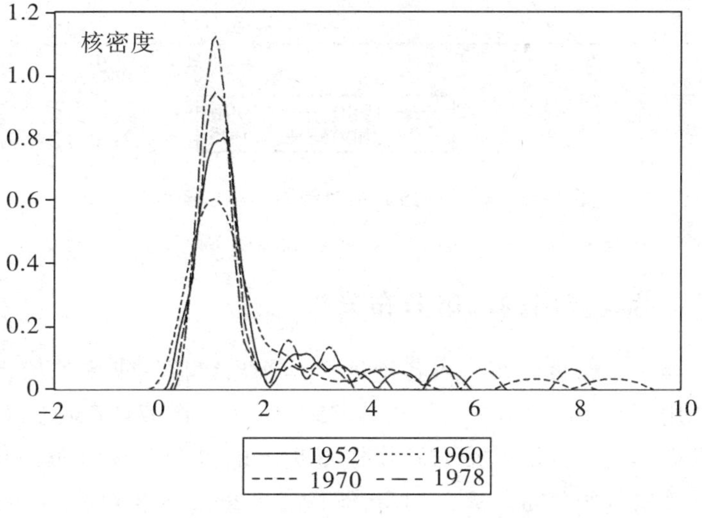

图 3－1　改革开放前相对劳均产出核密度分布

（2）图 3－2 是改革开放后四个代表年份的省区劳均产出分布图。从图 3－2中可以清晰地看出改革开放后我国省区劳均产出分布的动态演进过程：

改革开放初期（1980 年前后），劳均产出呈现多峰分布的模式，但主峰仍然位于低劳均产出区间，且较高较瘦；随着改革开放的推进，波峰逐渐垮塌，波谷逐渐模糊并最终消失，至 1990 年形成了比较典型的单峰分布模式。随着改革开放的进一步发展，到 2000 年，主峰继续坍塌，但在高位逐渐形成新的波峰。到 2005 年，高收入区间的波峰已经比较明显，我国省区劳均产出分布逐渐形成双峰收敛模式。与改革开放前相比，改革开放后的劳均产出分布有这样两个特点：一是核密度分布经历了从多峰分布到单峰分布，再到双峰分布的动态变化过程；二是各省区劳均产出分布整体上向高位移动的趋势明显。

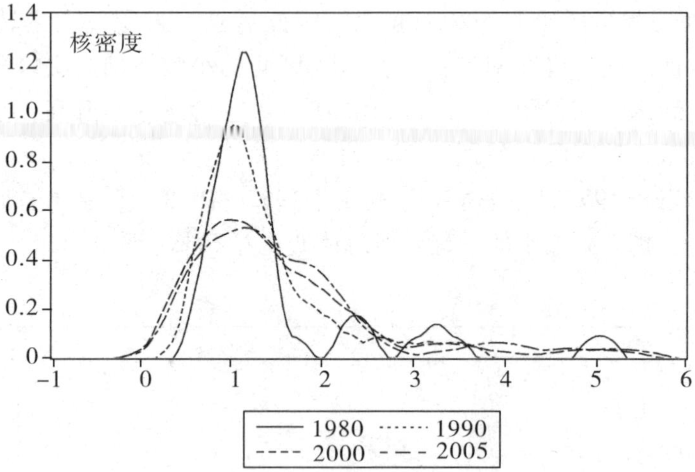

图 3－2　改革开放后相对劳均产出核密度分布

3.3.2　劳均产出的动态分布分析

为了获得一个离散分布，将各地区劳均产出除以同期平均值得到相对劳均产出，并用四个值（0.83、1.03、1.25、1.91）将劳均产出的观测样本大致均分为五组。然后就可以按照转换概率矩阵的概念计算出 M，并根据转换概率矩阵计算出遍历分布。表 3－1 就是 1952—2005 年相对劳均产出转换概率矩阵。表 3－1 的第一列表示 t 期的相对劳均产出，第一行表示 $t+1$ 期时样本所处的相对劳均产出状态，最后一行表示遍历分布，中间为转换概率矩阵，矩阵对角线上的元素表示从 t 期到 $t+1$ 期相对劳均产出在本组内保持不变的概率（表 3－2 至表 3－7）。从表 3－1 转换概率矩阵的对角线元素可以看出，中间部分存在明显的缩小趋势，而劳均产出的高端和低端都有较大的黏滞性。因此，遍历分布也呈现出双峰分布的倾向，只是这种倾向并不十分明显。

表 3 - 1　1952—2005 年相对劳均产出转换概率矩阵

	<0.83	0.83 ~ 1.03	1.03 ~ 1.25	1.25 ~ 1.91	>1.91
<0.83	0.901	0.079	0.020		
0.83 ~ 1.03	0.084	0.793	0.110	0.013	
1.03 ~ 1.25	0.019	0.123	0.755	0.103	
1.25 ~ 1.91		0.013	0.100	0.852	0.035
>1.91				0.033	0.967
遍历分布	0.209	0.203	0.188	0.194	0.206

考虑到改革开放前后巨大的经济结构变迁，我们分别计算了改革开放前（1952—1977 年）和改革开放后（1978—2005 年）的劳均产出转换概率矩阵，如表 3 - 2 和表 3 - 3 所示。结果表明，改革开放前后确实存在很大的结构差异。从遍历分布可见，改革开放前趋向低劳均产出的双峰分布（即双峰收敛），但向高劳均产出的收敛并不明显，这意味着更多的地区收敛于相对低劳均产出状态，有 54.6% 的地区分布在低和较低劳均产出区间（小于 1.03）。分布在高和较高劳均产出区间的地区大幅较少，但少数地区（13.3%）收敛于高劳均产出（大于 1.91）。分布在中间的地区变化不大，仍然保持在大约 20%。从中间的转换概率矩阵中对角线左侧的转换概率可以看出，向低和较低劳均产出区间转移的概率要大于向高劳均产出区间转移的概率（对角线右侧）。从遍历分布的长期含义分析，上述分布意味着除了少数地区外，多数地区将会发生贫困化收敛，即收敛于低劳均产出区间。

表 3 - 2　1952—1977 年相对劳均产出转换概率矩阵

	<0.83	0.83 ~ 1.03	1.03 ~ 1.25	1.25 ~ 1.91	>1.91
<0.83	0.924	0.076			
0.83 ~ 1.03	0.083	0.689	0.197	0.030	
1.03 ~ 1.25	0.037	0.183	0.689	0.091	

(续上表)

	<0.83	0.83~1.03	1.03~1.25	1.25~1.91	>1.91
1.25~1.91		0.035	0.174	0.739	0.052
>1.91				0.047	0.953
遍历分布	0.332	0.214	0.202	0.119	0.133

表 3-3　1978—2005 年相对劳均产出转换概率矩阵

	<0.83	0.83~1.03	1.03~1.25	1.25~1.91	>1.91
<0.83	0.913	0.087			
0.83~1.03	0.088	0.865	0.047		
1.03~1.25		0.058	0.819	0.123	
1.25~1.91			0.058	0.916	0.026
>1.91				0.020	0.980
遍历分布	0.149	0.148	0.120	0.254	0.330

改革开放后的遍历分布则恰好相反，呈现出偏向高劳均产出的双峰收敛态势。但只有少数地区（29.7%）分布在低和较低劳均产出区间（小于1.03），有58.4%的地区收敛于高和较高劳均产出区间（大于1.25），说明从长期看，劳均产出高的地区大幅增加，而劳均产出低的地区有较大幅度的减少。属于中间区间（大于1.03，小于1.25）的地区也大幅减少，并进入高和较高劳均产出区间，由于处于中间区间的地区减少的程度高于低和较低劳均产出的区域，因此形成了较为明显的双峰收敛。这一结果说明从长期的发展趋势看，大多数地区将会向高收入收敛，目前的东西部地区贫富分化可能只是暂时的现象。如果从整个考察的时期来看，改革开放前后的趋势正好相互抵消，使得极化分布不明显。这也说明改革开放前后我国经济结构发生了巨大变化，如果将改革开放前和改革开放后的观测值混合在一起研究会得出错误的结论。在后面的分析中，将分改革开放前和改革开放后两个时期来考察。

3.4 物质资本与劳均产出

为了考察物质资本对劳均产出的影响，需要采用适当的变量来表示，比较常见的主要是劳均资本和资本产出比。本章采用 Hall 和 Jones（1999）以及 Feyrer（2003）等的方法，通过资本产出比来分析，并借用下面的简单框架来说明原因。假设一中性技术进步的 Solow 模型：

$$y_{it} = A_{it}f(k_{it}) \tag{3-6}$$

这里的 y_{it}为劳均产出，$f(k_{it})$ 表示一个关于劳均资本产出递减的函数，A_{it}表示外生技术进步（全要素生产率），k_{it}是劳均资本存量。设 s 为储蓄率，n_i是人口增长率，δ 为折旧率，则劳均资本增长率为：

$$k_{it} = s_i A_{it} f(k_{it}) - (n_i + \delta) k_{it} \tag{3-7}$$

在稳态下有 $k_{it} = 0$，可得：

$$(n_i + \delta) k_{it}^* = s_i A_{it} f(k_{it}^*) \tag{3-8}$$

即在储蓄率 s、人口增长率 n 和折旧率 δ 保持不变的条件下，稳态水平的劳均资本 k_{it}^* 受外生技术进步 A_{it}的影响。因此，如果采用劳均资本，就有可能将一部分生产率增长带来的产出增长归因于物质资本。但是稳态水平下的资本产出比却不同，它不是外生技术进步 A_{it}的函数。由式（3-8）可得：

$$\left(\frac{K}{Y}\right)_{it}^* = \frac{k_{it}^*}{A_{it} f(k_{it}^*)} = \frac{s_i}{n_i + \delta} \tag{3-9}$$

因此，采用资本产出比可以较好地分离物质资本和生产率之间的相互影响。此外，资本产出比与投资率（即储蓄率）成比例，因此有最自然的解释。所以，本书在随后的分析中都采用了资本产出比而不是劳均产出来研究资本对劳均产出的影响，这也是最近许多研究普遍采用的方法。

与劳均产出一样，首先将各地区的资本产出比除以同期平均值得到相对资本产出比，然后用四个界点值（0.58、0.78、0.98、1.33）将相对资本产出比的样本值均分为五组。表3－4是我们计算出的改革开放前相对资本产出比转换概率矩阵，从表3－4可以看出，改革开放前（1952—1977年）的遍历分布呈现出明显的单峰分布，且峰值位于中间偏低资本产出比区间（均值大于0.58小于0.78），说明改革开放前的资本产出比发生了收敛，收敛于较低水平的资本产出比。与此不同，改革开放后（1978—2005年）的遍历分布呈现双峰分布，但位于低资本产出比区间（小于0.58）的峰值并不明显。对比前面相对劳均产出的分析结果，改革开放前劳均产出和资本产出比的遍历分布几乎完全不同（相关系数仅为0.01），改革开放后的劳均产出和资本产出比的遍历分布却十分相似（相关系数为0.80）。这说明改革开放前资本积累对劳均产出的影响不大，至少资本积累不是劳均产出的主要决定要素。其原因很可能是由于计划经济时代资本的流动性较差，资源的配置效率不高。而改革开放后随着市场在资本配置方面发挥了主导作用，资本的流动性逐渐加强，资本积累成为影响劳均产出水平的一个重要因素。同时我们也发现，劳均产出向高端收敛的程度要高于资本产出比向高端收敛的程度，这说明物质资本积累不会是决定劳均产出收敛的主要因素。

表3－4　1952—1977年相对资本产出比转换概率矩阵

	<0.58	0.58～0.78	0.78～0.98	0.98～1.33	>1.33
<0.58	0.910	0.090			
0.58～0.78	0.069	0.750	0.175	0.006	
0.78～0.98		0.197	0.672	0.131	0
0.98～1.33			0.140	0.787	0.074
>1.33			0.007	0.088	0.905
遍历分布	0.180	0.236	0.217	0.206	0.160

表 3 - 5　1978—2005 年相对资本产出比转换概率矩阵

	<0.58	0.58 ~ 0.78	0.78 ~ 0.98	0.98 ~ 1.33	>1.33
<0.58	0.962	0.038			
0.58 ~ 0.78	0.040	0.874	0.086		
0.78 ~ 0.98		0.069	0.855	0.075	
0.98 ~ 1.33			0.075	0.863	0.063
>1.33				0.053	0.947
遍历分布	0.174	0.165	0.206	0.208	0.248

3.5　全要素生产率与劳均产出

全要素生产率的计算采用 Hall 和 Jones（1999）以及 Bils 和 Klenow（2000）等的修正 Solow 模型，其劳均产出形式为：

$$y_{it} = \left(\frac{K_{it}}{Y_{it}}\right)^{\frac{\alpha}{1-\alpha}} h_{it} A_{it} \qquad (3-10)$$

其中，Y_{it}为地区产出（GDP），K_{it}表示资本存量，h_{it}为劳均人力资本，A_{it}为全要素生产率。参照国内外研究者比较一致的估计，资本收入份额设为 0.4。在本章的全要素生产率计算中，我们没有考虑人力资本的影响，原因有两个：首先在于我国人力资本的数据缺乏，特别是 1996 年以前的数据很少；其次是因为人力资本的计算准确性较差，其结果可能会影响全要素生产率的计算。

同样将各地区全要素生产率除以当年平均值得到相对全要素生产率，并用四个界点值（0.68、0.82、0.98、1.23）将各地区相对全要素生产率近似均分为五组，分别计算出的改革开放前（1952—1977 年）和改革开放后（1978—2005 年）的转换概率矩阵和遍历分布，如表 3 - 6 和表 3 - 7 所示。改革开放前全要素生产率呈现非常明显的双峰分布，在低和较低全要素生产率区间，有 50.7% 的地区分布在均值 0.82 以下，分布在高全要素生产率区间（大于 1.23）的地区略有减少，但由于中间及中上全要素生产率区间（大于

0.82，小于1.23）的地区大幅下降，所以仍然形成了双峰收敛。从整体看，全要素生产率向低端收敛的趋势明显。改革开放后，全要素生产率呈现明显的单峰分布，且波峰位于较高全要素生产率区间（大于0.98，小于1.23），只有20.2%的地区分布在均值0.82以下，而分布在高和较高全要素生产率区间的地区竟达到59.2%。与改革开放前相比，改革开放后各地区的全要素生产率得到很大的改善。

表3－6　1952—1977年相对全要素生产率转换概率矩阵

	<0.68	0.68～0.82	0.82～0.98	0.98～1.23	>1.23
<0.68	0.861	0.133	0.006		
0.68～0.82	0.133	0.711	0.156		
0.82～0.98		0.252	0.639	0.109	
0.98～1.23			0.160	0.734	0.106
>1.23				0.071	0.929
遍历分布	0.244	0.263	0.178	0.122	0.192

表3－8　1978—2005年相对全要素生产率转换概率矩阵

	<0.68	0.68～0.82	0.82～0.98	0.98—1.23	>1.23
<0.68	0.941	0.059			
0.68～0.82	0.050	0.824	0.126		
0.82～0.98		0.073	0.787	0.140	
0.98～1.23			0.090	0.848	0.062
>1.23				0.066	0.934
遍历分布	0.092	0.110	0.205	0.319	0.273

比较劳均产出和全要素生产率的遍历分布，改革开放前的劳均产出和全要素生产率都呈现双峰分布，但全要素生产率的双峰分布更为明显，其遍历分布的相关系数达到0.71，说明改革开放前全要素生产率是导致劳均产出发生双峰分布的重要因素，但不是唯一因素。改革开放后的劳均产出表现出不太明显的双峰分布特征，全要素生产率则为单峰分布，说明全要素生产率不是导致劳均产出双峰收敛的原因。但由于两者的分布密度都主要集中在高和

较高全要素生产率区间，因此其相关系数高达 0. 73，这说明改革开放后的全要素生产率是影响劳均产出的重要因素。此外，全要素生产率向高端收敛的程度要大于劳均产出，说明全要素生产率的收敛速度高于劳均产出的收敛速度，这与彭国华（2005）面板数据的估计结果是一致的。

3. 6　劳均产出的方差分解

动态分布方法虽然能够通过比较劳均产出分布与投入要素及全要素生产率分布之间的相似性来推断相互之间的关系，但无法在数量上给投入要素和全要素生产率的贡献加以度量。为了检验动态分布分析结果的稳健性，我们通过方差分解来分析全要素生产率和物质资本对劳均产出的贡献。利用类似 Klenow 和 Rodriguez-Clare（1997）的方差分解方法，采用式（3 - 10）的修正 Solow 模型。令式（3 - 10）中的要素投入部分为 X_{it}，即

$$X_{it} = \left(\frac{K_{it}}{Y_{it}}\right)^{\frac{\alpha}{1-\alpha}} h_{it} A_{it}$$

对（3 - 10）式两边取对数得到：

$$\ln y_{it} = \ln A_{it} + \ln X_{it} \tag{3-11}$$

利用方差分解就可以得到：

$$\frac{\mathrm{var}(\ln y_{it})}{\mathrm{var}(\ln y_{it})} = \frac{\mathrm{cov}(\ln y_{it},\ \ln A_{it})}{\mathrm{var}(\ln y_{it})} + \frac{\mathrm{cov}(\ln y_{it},\ \ln X_{it})}{\mathrm{var}(\ln y_{it})} = 1 \tag{3-12}$$

这里的 var 表示方差，cov 表示协方差。这样就将劳均产出的变化分解为两个部分，式（3 - 12）中间第一项为全要素生产率对劳均产出变化的贡献，第二项为要素投入对劳均产出变化的贡献。表 3 - 8 是按照式（3 - 12）的分解方法计算出的 1952—2005 年物质资本和全要素生产率对中国地区差距的贡献。

从表3-8可以看出，在改革开放前的大多数年份里，除了新中国成立初期的几年以外，物质资本对地区差距的贡献为负值，因此，全要素生产率就成为导致地区发展差异的最主要因素，这与前面动态分布方法分析的结果一致。改革开放后，除了最初的几年（1978—1981年）物质资本对地区差异的贡献为负之外，其他年份均为正，并且随着时间的推进，物质资本的贡献总体上表现出上升的趋势。平均而言，1978—2005年，物质资本对地区差距的贡献为12%，而全要素生产率的贡献高达88%。当然，由于我们没有考虑人力资本，全要素生产率的贡献中也包含了人力资本的贡献份额。为了比较，我们对采用标准核算方法计算的以劳均资本表示的物质资本和全要素生产率对地区差异的贡献作同样的方差分解，结果发现，用劳均资本表示的物质资本对地区差距的贡献大幅增加，改革开放前平均为34%，改革开放后平均为46%，这证实了我们前面的分析，即采用劳均资本高估了物质资本对地区发展差距的贡献；劳均资本掩盖了资源配置效率低下对地区发展的影响。

表3-8　物质资本和全要素生产率对中国地区差距的贡献

改革开放前	物质资本贡献	全要素生产率贡献	改革开放后	物质资本贡献	全要素生产率贡献
1952	0.11	0.89	1978	-0.10	1.10
1953	-0.02	1.02	1979	-0.08	1.08
1954	0.03	0.97	1980	-0.07	1.07
1955	0.06	0.94	1981	-0.05	1.05
1956	0.02	0.98	1982	0	1.00
1957	-0.02	1.02	1983	0.04	0.96
1958	-0.11	1.11	1984	0.05	0.95
1959	-0.17	1.17	1985	0.09	0.91
1960	-0.22	1.22	1986	0.12	0.88
1961	-0.15	1.15	1987	0.14	0.86
1962	-0.11	1.11	1988	0.18	0.82
1963	-0.12	1.12	1989	0.21	0.79
1964	-0.08	1.08	1990	0.27	0.73

（续上表）

改革开放前	物质资本贡献	全要素生产率贡献	改革开放后	物质资本贡献	全要素生产率贡献
1965	-0.08	1.08	1991	0.25	0.75
1966	-0.13	1.13	1992	0.22	0.78
1967	-0.11	1.11	1993	0.16	0.84
1968	-0.15	1.15	1994	0.14	0.86
1969	-0.16	1.16	1995	0.17	0.83
1970	-0.18	1.18	1996	0.20	0.80
1971	-0.17	1.17	1997	0.19	0.81
1972	-0.18	1.18	1998	0.20	0.80
1973	-0.19	1.19	1999	0.19	0.81
1974	-0.19	1.19	2000	0.17	0.83
1975	-0.16	1.16	2001	0.17	0.83
1976	-0.15	1.15	2002	0.16	0.84
1977	-0.11	1.11	2003	0.15	0.85
			2004	0.16	0.84
			2005	0.17	0.83
平均	-0.11	1.11	平均	0.12	0.88

从总体上看，不管是采用修正的 Solow 方法还是标准的 Solow 方法，都说明导致我国地区差距的主要因素是全要素生产率，但物质资本对地区差距的作用呈上升的趋势，说明总体的资源配置效率得到改善，但采用劳均资本低估了资源配置效率低下的程度。

3.7 小 结

本章采用 Quah（1993b，1996）的动态分布方法分析了 1952—2005 年中国地区劳均产出差异的动态分布及其原因，主要得到以下结论：

（1）改革开放前（1952—1977 年）和改革开放后（1978—2005 年）地区

劳均产出的收敛模式存在很大的差异。核密度函数分析表明，改革开放前劳均产出的分布呈多峰收敛模式，主峰位于低收入区间。改革开放后我国省区劳均产出的分布经历了从多峰收敛到单峰收敛，再到双峰收敛的动态演变过程。改革开放前，劳均产出的遍历分布为偏向低劳均产出的双峰收敛，但位于高劳均产出区间的波峰不明显；改革开放后，劳均产出的遍历分布为偏向高劳均产出的双峰收敛，改革开放前后的分布情况刚好相反。改革开放后的遍历分布结果是鼓舞人心的，这意味着除了少数地区外，多数地区将会向高收入区间收敛。从长期来看，我国地区收入差距可能不是一个严重的问题。

（2）改革开放前，劳均产出和物质资本的遍历分布完全不同，劳均产出和全要素生产率的遍历分布却较为相似；改革开放后，劳均产出与物资资本和全要素生产率的遍历分布表现出较强的相似性。同时，改革开放后，全要素生产率向高端收敛的程度要大于劳均收入向高端收敛的程度，而物质资本向高端收敛的程度最小。这说明改革开放前物质资本不是影响地区差距的主要因素，改革开放后其影响可能增加，但也不会是决定性因素，而全要素生产率始终是影响地区差距的重要因素。

（3）进一步的方差分析证实了上述观点，同时说明采用劳均资本会高估物质资本对地区差距的贡献。以资本产出比表示的物质资本对地区差距影响程度及其发展趋势表明，我国在资源配置方面的效率低下，但随着改革开放的进行，资源配置效率得到较大的改善。

由于受数据可得性的限制，本章没有考虑人力资本对地区劳均产出的影响，这可能会在一定程度上夸大全要素生产率对劳均产出的贡献。由于我国地区收入差距的扩大主要是在改革开放以后，特别是20世纪90年代之后形成的，因此在随后几章的研究中，我们将主要研究改革开放后地区劳均产出的决定问题，这样就可以将人力资本对地区劳均产出的影响考虑进来。

4　地区收入差距的新古典分解

改革开放以来我国经济得到比较迅速的发展，从1978—2005年，我国的不变价国内生产总值增长了12倍，不变价人均国内生产总值也增长了8.8倍。然而各地区之间的发展并不平衡，东部沿海地区发展很快，而中部和西部地区发展较慢。特别是近年来，地区之间的发展差距明显扩大。例如，改革开放初期的1982年，中国最富裕的地区上海和最贫穷的地区贵州之间的劳均产出比为8.8，到了2005年，上海和贵州的劳均产出比扩大到12倍。在一个国家之内产生如此巨大的差距是非常令人吃惊的，那么究竟是什么因素导致这么大的发展差距呢？是要素积累？还是全要素生产率？上一章我们采用动态分布方法初步研究了劳均产出与物质资本积累和全要素生产率之间的关系，本章采用Hall和Jones（1999）的新古典分解方法将劳均产出分解为物质资本积累、人力资本积累和全要素生产率三个部分，并利用两种不同的方差分解方法进一步分析了上述三个因素对我国地区劳均产出差距的贡献。

本章在结构上可分为以下几个部分：第一部分为引言；第二部分介绍了研究采用的方法；第三部分对数据来源和相关变量做了适当的说明；第四部分对劳均产出分解的结果进行了简单的统计分析，发现只有全要素生产率才可能解释地区之间巨大的劳均产出差距；第五部分采用两种不同的方差分解方法分析了地区要素积累和全要素生产率对劳均产出的贡献，发现全要素生产率确实是地区劳均产出差距的主要来源，而且这一结论在资本产出弹性的可信取值范围内是稳健的；最后对本章进行小结。

4.1　引　言

20世纪90年代中期以前，关于国家或地区发展差距的研究多侧重于增长研究（增长核算）；20世纪90年代中后期，有许多文献将研究的目标转向国际发展差距及其原因（水平核算或发展核算）的研究（Hall & Jones，1999；Klenow & Rodriguez-Clare，1997；Easterly & Levine，2001）。与经济增长研究不同，在发展差距的研究中，由于研究的是国际或地区间收入或产出水平的差别，因此与以产品和服务所度量的社会福利等长期经济表现直接相关。而经济增长研究更加强调经济的短期表现，例如 Easterly 等（1993）认为不同时期增长率之间的相关性很低，说明不同国家之间的增长率差别可能是暂时的。而新古典经济增长模型也预测：低于稳态增长水平的经济体将会有更高的增长率，因此在很长一段时间之后，不同的国家将会有共同的经济增长率。在研究方法方面，发展水平研究主要还是利用目前的新古典增长核算框架（Hall & Jones，1999；Klenow & Rodriguez-Clare，1997）。

然而目前对于跨国或跨地区经济发展差异原因的经验研究结果仍然存在很多争议。20 世纪 90 年代中期之前的文献多数认为，投入要素的差异是造成跨国人均收入差异的主要原因。如 Mankiw 等（1992）发现包括了人力资本的新古典模型可以解释 78% 的跨国人均产出差异。Young（1992，1995）和 Kim、Lau（1994）等在对东亚新兴工业化国家和地区的研究中也发现要素积累是这些国家和地区经济增长的主要源泉，而非全要素生产率的提高。Krugman（1994）以此为根据认为东亚国家经济增长中没有技术进步，所谓的“东亚奇迹”是不存在的，考虑到要素报酬递减规律，因此其经济增长也是不可持续的。但是，20 世纪 90 年代中期以后，随着研究的深入，学者们发现要素积累不可能是决定地区发展差距的主要因素，因为无论是物质资本还是人力资本，其差距都不足以解释巨大的跨国收入差别。因此，只有作为“Solow 残差”的全要素生产率才可能是跨国收入差异的主要原因。Islam（1995）和 Caselli 等（1996）采用面板数据估计方法研究发现，在控制了要素积累变量以后，国家固定效应解释了很大一部分的产出差异，而国家固定效应的差别在其模型中可以看成是效率的差异。有的学者采用核算方法也发现全要素生产率是地区差距的主要原因（Klenow & Rodriguez-Clare，1997；Prescott，1998；Hall & Jones，1999）。Hsieh（2002）认为 Young（1995）等采用的国民账户统计可能有误，因此低估了东亚国家的全要素生产率水平。Caselli（2005）对跨国收入差异做了一个系统的考察，研究结果支持 Hall 和 Jones（1999）的观点，而且发现这一结果是非常稳健的，即使对人力资本做教育质量和人口健康状况的调整，或是资本质量调整以及其他一些调整，都不会改变全要素生产率是跨国收入差异的主要来源这个结论。

我国是一个幅员辽阔的国家，地区发展水平之间存在巨大的差距，且近年来这一差距存在扩大的趋势。许多学者从不同的角度研究了中国地区差距的来源。但现有文献在理论和实证方面都没有很好地解决这个问题。学者们也没有取得一致的观点，有的认为中国地区发展差距的主要源泉是要素积累，特别是物质资本积累（李京文，钟学义，1998；Chow & Lin，2002；傅晓霞，吴利学，2006b）。而彭国华（2005）和李静等（2006）分析认为全要素生产率解释了我国地区收入差距的主要部分。研究地区发展差距的原因具有重要的政策意义，如果产生地区差距的原因是要素积累，就可以从造成落后地区要素积累不足的原因着手来缩小地区差距；如果产生地区差距的原因是全要素生产率，那就需要从技术进步和其他决定全要素生产率的因素着手来促进落后地区的发展。

4.2 模　型

为了研究要素积累和全要素生产率对劳均产出的贡献，首先需要将劳均产出分解为要素投入和全要素生产率等部分，关于分解的几种方法我们在文献综述部分已有介绍。本章主要借鉴 Hall 和 Jones（1999）以及 Bils 和 Klenow（2000）等的修正 Solow 模型，其劳均产出分解公式为：

$$y_{it} = \left(\frac{K_{it}}{Y_{it}}\right)^{\frac{\alpha}{1-\alpha}} h_{it} A_{it} \tag{4-1}$$

其中，y_{it}是地区劳均产出，Y_{it}为地区产出（GDP），K_{it}为资本存量，h_{it}为劳均人力资本，A_{it}为全要素生产率。与第 3 章相同，资本产出弹性 α 值仍然设为 0.4。

4.3 变量说明和数据来源

为了对我国地区发展差距有个全面的认识，本章样本包括了 1952—2005 年我国 28 个省、自治区和直辖市的数据。不过，本章的研究重点为改革开放以后，由于我国 1982 年的人口普查首次提供了分地区的劳动力受教育程度数据，因此，对于改革开放之后的研究，我们将起始时间定为1982年，而事实上很多重要的改革开放措施也是1982年以后才开始实施的。在我国31个省级行政区划单位中，重庆市由于建市较晚，因此其数据并入四川省，西藏和海南的数据因缺失而没有被包括进来，故样本只包括28个省级行政区划单位的数据。

各地区名义GDP数据、GDP平减指数、劳动力数据以及资本存量数据与上一章相同，数据主要来自《新中国五十五年统计资料汇编》和各年度的《中国统计年鉴》。

人力资本的度量指标主要有教育投入、社会文盲率、各级学校入学率和平均受教育年限等。较为常用的是平均受教育年限和各级学校入学率。Pritchett（2001）认为平均受教育年限指标要优于各级学校入学率，因为只有当各国处在稳态下即教育存量和入学率不变的状态下各级学校入学率才能代表教育的积累率。同时他还认为Barro（1991）等发现的学校入学率和经济增长之间的正相关关系很大程度上是经济增长促进了学校入学率，而不是相反。因此，本章以平均受教育年限为指标，各教育层次受教育年限分别定为未上过学1.5年、小学6年、初中3年、高中3年、大学3.5年（大专及以上），这样就可以计算出各地区劳均受教育年限。劳均受教育年限数据来自各年度的《中国人口统计年鉴》和《中国劳动统计年鉴》，少数年份的数据缺失，用移动平均法弥补。

4.4 地区差距的统计分析

按照式（4-1）将各地区劳均产出分解为资本产出比、人力资本和全要素生产率等几个部分，同时为了便于比较分析，将我国各地区按传统划分为东部、中部、西部三个区域。东部包括：北京、天津、河北、辽宁、上海、江苏、浙江、福建、山东、广东10个地区；中部包括山西、内蒙古、吉林、黑龙江、安徽、江西、河南、湖北、湖南9个地区；西部包括广西、四川、贵州、云南、陕西、甘肃、青海、宁夏、新疆9个地区。以东部地区为标准，即以东部地区为1，将中部和西部经济指标做去标量化处理（Normalization）。为了能够较好地比较地区发展差距及其变化，对于不包含人力资本的劳均产出分解取1952年和2005年的数据作为分析对象，而对包含人力资本的劳均产出分解分别取1982年和2005年的数据作为分析对象。

4.4.1 不考虑人力资本因素

首先我们来看在不考虑人力资本的情况下按照式（4-1）分解得到的劳均产出、物质资本和全要素生产率的情况。从表4-1可见，1952年我国中部地区劳均产出是东部的0.637倍，而西部地区是东部的0.42倍，还不足一半。在物质资本方面，西部地区物质资本积累程度最高，是东部地区的1.253倍，中部地区最低，为东部地区的0.889倍。由于这里用调整的资本产出比来表示物质资本积累，而资本产出比的倒数是资本生产率。因此，较高的资本产出比意味着较低的资本生产率，说明西部地区在资本利用效率方面与东部和中部地区存在较大的差距。从全要素生产率来看，中部地区是东部的0.678倍，而西部地区则只是东部的0.353倍。可以发现东、中、西部全要素生产率和劳均产出之间的比例非常相似，而在劳均产出和物质资本之间却没有出现这样的情况，这说明只有全要素生产率才可能是解释我国三大地带劳均产出差别的真正原因。2005年三大地带的经济指标也显示了同样的规律，只是三大地带之间在劳均产出和全要素生产率上的差距进一步扩大，而物质资本方面的差距缩小。

表4-1 1952年和2005年中国东、中、西部经济指标比较（不含人力资本）

	1952年			2005年		
	劳均产出	物质资本	全要素生产率	劳均产出	物质资本	全要素生产率
东部	1	1	1	1	1	1
中部	0.637	0.889	0.678	0.464	0.833	0.564
西部	0.420	1.253	0.353	0.331	1.020	0.350

注：物质资本积累指式（4-1）中的 $(\frac{K}{Y})^{\frac{\alpha}{1-\alpha}}$ 部分，即经调整的资本产出比。

4.4.2 考虑人力资本因素

表4-2是1982年和2005年在考虑了人力资本的情况下按照式（4-1）分解得到的劳均产出、物质资本和全要素生产率的情况。从表4-2可见，1982年西部地区的劳均产出还不到东部的一半，西部地区人力资本为东部的

0.765倍，但西部的物质资本却是东部的1.438倍。与不含人力资本的情况相似，三大地带全要素生产率的比例与劳均产出的比例最为接近，可能说明全要素生产率是劳均产出地区差距的主要来源。如果考虑到单个省份，上述指标的差距更大。例如，1982年劳均产出最高的上海市是劳均产出最低省份贵州的6.7倍，上海的人力资本是贵州的1.8倍，上海的物质资本为贵州的0.88倍，这说明人力资本和物质资本都不可能是上海和贵州劳均产出差距的主要源泉，而上海的全要素生产率为贵州的4.5倍，这一数值比较接近两地劳均产出之间的差距。

表4-2　1982年和2005年中国东、中、西部经济指标比较（含人力资本）

	1982年				2005年			
	劳均产出	物质资本	全要素生产率	人力资本	劳均产出	物质资本	全要素生产率	人力资本
东部	1	1	1	1	1	1	1	1
中部	0.626	0.936	0.786	0.919	0.464	0.833	0.617	0.918
西部	0.477	1.438	0.491	0.765	0.331	1.020	0.427	0.822

注：物质资本的含义同表4-1。

而到了2005年，三大地带之间的发展差距明显扩大，中部地区的劳均产出是东部地区的0.464倍，而西部地区更是下降到只有东部地区的三分之一左右。与1982年相比，2005年三大地带人力资本差距缩小，呈现出收敛的趋势；西部地区的资本产出比向东部收敛，但中部地区的资本产出比与东部之间的差距扩大，说明中部地区的资本利用效率最高；只有全要素生产率表现出和劳均产出同样的发散趋势。就单个省份来说，2005年上海的劳均产出增大到贵州的12倍，两地人力资本的差距缩小为1.59倍，物质资本差距为1.33倍，全要素生产率差距增加到5.67倍。省份之间的比较和三大地带之间比较的结果是一致的，但省份之间差距的比较更为明显。

从上面比较直观的统计分析可以发现，无论是物质资本积累还是人力资本积累都无法从数量上完全解释我国各地区巨大的发展差异，只有全要素生产率才可能是地区差距的主要源泉，这和第3章的分析结论是一致的。下面我们将通过方差分解的方法来进一步验证这一观点。

4.5 方差分解分析

方差分解分析是研究投入对产出贡献的一种常用的分析方法，第3章我们曾经采用过，在这里我们将作更详细的介绍。为了从数量上分析投入要素和全要素生产率对劳均产出的贡献，我们通过方差分解来分析全要素生产率和要素投入对劳均产出的贡献。方差分解方法有两种，一种是 Klenow 和 Rodriguez-Clare（1997）提出的方法（即 KR 分解法），另一种是 Easterly 和 Levine（2001）提出的方法（即 EL 分解法）。

KR 分解可利用式（4-1）的修正 Solow 模型推导而来。令式（4-1）中的要素投入部分为 X_{it}，即

$$X_{it} = \left(\frac{K_{it}}{Y_{it}}\right)^{\frac{\alpha}{1-\alpha}} h_{it} A_{it}$$

对式（4-1）两边取自然对数即可得到：

$$\ln y_{it} = \ln A_{it} + \ln X_{it} \tag{4-2}$$

利用方差分解就可以得到：

$$\frac{\text{var}(\ln y_{it})}{\text{var}(\ln y_{it})} = \frac{\text{cov}(\ln y_{it}, \ln A_{it})}{\text{var}(\ln y_{it})} + \frac{\text{cov}(\ln y_{it}, \ln X_{it})}{\text{var}(\ln y_{it})} = 1 \tag{4-3}$$

这里的 var 表示方差，cov 表示协方差。这样，KR 分解法就将劳均产出的变化分解为两个部分，第一项为全要素生产率对劳均产出变化的贡献，第二项为要素投入对劳均产出变化的贡献。由于要素投入包括物质资本和人力资本两个部分，因此，KR 分解法还可以方便地进一步将要素投入的贡献分解为物质资本的贡献和人力资本的贡献两个部分。

Easterly 和 Levine（2001）采用另外一种分解方法，将劳均产出差异分解为要素投入差异、全要素生产率差异和协方差三个部分：

$$\mathrm{var}(\ln y_{it}) = \mathrm{var}(\ln X_{it}) + \mathrm{var}(\ln A_{it}) + 2\mathrm{cov}(\ln X_{it}, \ln A_{it}) \quad (4-4)$$

$$\frac{\mathrm{var}(\ln X_{it})}{\mathrm{var}(\ln y_{it})} + \frac{\mathrm{var}(\ln A_{it})}{\mathrm{var}(\ln y_{it})} + \frac{2\mathrm{cov}(\ln X_{it}, \ln A_{it})}{\mathrm{var}(\ln y_{it})} = 1 \quad (4-5)$$

与 KR 分解法不同的是，EL 分解法产生了要素投入和全要素生产率的协方差项，这一项的作用在于体现两者之间交互作用的贡献，这一点我们在后面的分析中还会涉及。不过，这样一来，就无法将人力资本的贡献单独分解出来。我们下面将分别采用两种方法将劳均产出的变化分解为要素投入和全要素生产率的变化，并通过比较来分析要素投入和全要素生产率对劳均产出的贡献。与上一节相同，本节仍然分不考虑人力资本和考虑人力资本两种情况来分析。

4.5.1 不考虑人力资本的情况

表 4-3 是分别按照式（4-3）的 KR 分解法和式（4-5）的 EL 分解法分解计算出 1952—2005 年主要年份的物质资本和全要素生产率对我国地区劳均产出差距的贡献。从表 4-3 中 KR 分解法得到的结果来看，在改革开放前的许多年份，物质资本对劳均产出的贡献都很低，甚至为负值。这一结果并不意味着物质资本阻碍了劳均产出的增长，而是说明物质资本没有得到很好的配置和利用，导致物质资本与劳均产出在数值关系上负相关，如果考虑到物质资本与投资率成比例，可以推断我国这一时期的投资效率不高，可能是由高度集中的计划经济体制造成的。但是随着改革开放的推进，市场对我国社会资源的配置作用逐渐加强，物质资本对劳均产出的贡献增加，物质资本的配置效率也逐步提高。EL 分解法分解的结果也显示了同样的规律，物质资本和全要素生产率的协方差为负值，这也从另一个方面说明我国物质资本配置上的无效率。不过，从总体来看，在不考虑人力资本的情况下，无论是 KR 分解法分解的结果还是 EL 分解法分解的结果都说明了全要素生产率是我国地区劳均产出差距的主要来源。

表4－3　物质资本、全要素生产率对我国地区劳均产出差距的贡献

	KR分解法 分解的结果（%）		EL分解法 分解的结果（%）		
	物质资本贡献	全要素生产率贡献	物质资本贡献	全要素生产率贡献	协方差贡献
1952	11.33	88.67	42.01	117.65	－59.66
1955	6.25	93.75	28.39	114.50	－42.89
1960	－21.98	121.98	23.21	162.58	－85.79
1965	－7.65	107.65	27.75	140.15	－67.91
1970	－17.73	117.73	28.31	159.37	－87.68
1975	－15.53	115.53	32.24	158.87	－91.11
1980	－7.38	107.38	42.96	153.62	－96.58
1985	9.05	90.95	47.85	127.46	－75.30
1990	26.58	73.42	68.56	113.97	－82.54
1995	16.71	83.29	51.69	116.59	－68.28
2000	17.06	82.94	41.36	106.09	－47.46
2005	17.13	82.87	29.94	95.07	－25.01
平均	1.42	98.58	39.95	134.33	－74.28

注：为了节约篇幅，这里只列出了部分年份的分解数据，平均值为1952—2005年全部年份的平均值。

4.5.2　考虑人力资本的情况

由于在不考虑人力资本的情况下计算出的全要素生产率实际上包括了人力资本的贡献，这可能会夸大全要素生产率对地区劳均产出差别的贡献，为了更好地分析要素投入和全要素生产率对地区劳均产出差距的贡献，下面的分解将考虑人力资本因素。

表4－4是按照KR分解法和EL分解法计算出的1982—2005年物质资本、人力资本和全要素生产率对我国地区劳均产出差距的贡献。从KR分解法的结果看，改革开放以来，物质资本对地区差异的贡献总体上表现出上升的趋势，到1990年达到了最高点，之后开始下降。平均而言，1982—2005年，物质资本对地区差距的贡献占15.85%。改革开放后，人力资本对劳均产出差异的贡

献总体上表现出下降的趋势，但其对劳均产出差距的影响仍然大于物质资本，平均达到25.27%。全要素生产率的贡献比较稳定，基本保持在60%左右，平均为58.87%。EL分解法得到的结果和KR分解法近似，全要素生产率的贡献大于要素投入的贡献，但协方差仍然为负值。为了确认协方差为负值的原因，我们分别计算了物质资本、人力资本与全要素生产率的协方差，发现物质资本与全要素生产率的协方差为负值，而人力资本与全要素生产率的协方差为正值，可见，要素投入与全要素生产率协方差为负值的原因是物质资本。从总体看，KR分解法和EL分解法的结果是基本一致的，要素投入对地区劳均产出差距的影响小于全要素生产率，说明全要素生产率才是决定我国地区发展差距的主要因素。

表4-4　物质资本、人力资本和全要素生产率对我国地区劳均产出差距的贡献

	KR分解法分解的结果（%）				EL分解法分解的结果（%）		
	物资资本贡献	人力资本贡献	要素投入总贡献	全要素生产率贡献	要素投入贡献	全要素生产率贡献	协方差贡献
1982	-0.15	33.28	33.13	66.87	64.90	97.86	-62.76
1983	3.54	33.24	36.78	63.22	62.02	87.97	-49.99
1984	5.43	32.81	38.25	61.75	63.39	86.46	-49.85
1985	9.05	32.20	41.25	58.75	67.59	84.76	-52.35
1986	12.46	31.76	44.22	55.78	72.37	83.69	-56.06
1987	14.11	32.10	46.21	53.79	80.24	87.63	-67.87
1988	18.44	30.53	48.97	51.03	85.99	88.00	-73.98
1989	21.41	29.81	51.22	48.78	93.67	91.31	-84.98
1990	26.58	29.53	56.11	43.89	100.11	88.30	-88.41
1991	25.18	28.21	53.39	46.61	91.34	84.76	-76.10
1992	22.13	27.27	49.39	50.61	87.50	88.68	-76.18
1993	16.19	25.89	42.08	57.92	79.76	95.17	-74.93
1994	14.06	25.48	39.54	60.46	77.46	97.80	-75.26
1995	16.71	23.98	40.69	59.31	75.27	93.42	-68.68
1996	19.86	23.22	43.08	56.92	76.75	90.25	-67.00
1997	18.71	21.62	40.33	59.67	70.69	89.59	-60.28

（续上表）

	KR 分解法分解的结果（%）				EL 分解法分解的结果（%）		
	物资资本贡献	人力资本贡献	要素投入总贡献	全要素生产率贡献	要素投入贡献	全要素生产率贡献	协方差贡献
1998	19.61	21.33	40.94	59.06	66.16	83.95	-50.10
1999	18.94	21.34	40.28	59.72	63.95	83.06	-47.02
2000	17.06	18.84	35.90	64.10	55.92	83.71	-39.64
2001	16.72	16.50	33.21	66.79	49.81	82.98	-32.79
2002	16.00	17.32	33.33	66.67	52.78	85.65	-38.44
2003	15.33	16.39	31.72	68.28	51.49	87.53	-39.03
2004	16.00	15.54	31.54	68.46	53.55	89.88	-43.43
2005	17.13	18.37	35.50	64.50	42.93	71.78	-14.71
平均	15.85	25.27	41.13	58.87	70.24	87.67	-57.91

与未考虑人力资本的方差分解相比，考虑了人力资本因素后，全要素生产率的贡献份额虽然有所下降，但并没有改变它是地区劳均产出差距的主要来源这一基本结论。

4.5.3 敏感性分析

因为有些文献（傅晓霞，吴利学，2006b；李静等，2006）认为资本的产出弹性对全要素生产率的计算及其对劳均产出变化的贡献有重要的影响。因此，为了检验上述分解结果的稳健性，我们对资本的产出弹性做敏感性分析。表4-5是用不同的资本产出弹性值分解的1982—2005年要素投入和全要素生产率对劳均产出贡献的平均值。从KR分解法分解的结果来看，当资本产出弹性为1/3时，要素投入对劳均产出的贡献为37.16%，其中，人力资本的贡献为25.27%，物质资本的贡献约为11.89%，全要素生产率的贡献为62.84%；当资本产出弹性提高到0.5时，要素投入对劳均产出的贡献达到49.05%，其中物质资本的贡献增加到23.78%，与此相对应，全要素生产率的贡献下降为50.95%。EL分解法分解的结果与KR分解法分解的结果非常相似，只是随着资本产出弹性的提高，协方差所占的比例也上升。由此可见，当资本产出弹性值提高时，在对地区劳均产出差别的总贡献构成中，物质资本的贡献就会上升，而全要素生产率的贡献相应下降。由于资本产出弹性值的变化不会影响人力资本的贡献，故人力资本的贡献份额保持不变。

从上述分析看，随着资本产出弹性值的增加，要素投入中的物质资本对地区劳均产出差距的贡献份额上升，全要素生产率的贡献则下降。但在资本产出弹性可靠的取值范围内，都无法改变全要素生产率是地区劳均产出差距的主要来源这一结论。

表 4-5　不同资本产出弹性下要素投入和全要素生产率对地区劳均产出差距的贡献

	KR 分解法分解的结果（%）				EL 分解法分解的结果（%）		
	物质资本贡献	人力资本贡献	要素投入贡献	全要素生产率贡献	要素投入贡献	全要素生产率贡献	协方差贡献
α = 1/3	11.89	25.27	37.16	62.84	46.70	72.23	-18.93
α = 0.4	15.85	25.27	41.12	58.87	70.24	87.67	-57.91
α = 0.5	23.78	25.27	49.05	50.95	131.56	133.52	-165.08

4.6　小　结

本章我们借鉴新古典增长核算框架将劳均产出分解为物质资本、人力资本和全要素生产率三个部分。在此基础上，利用两种不同的方差分解方法主要分析了 1982—2005 年物质资本、人力资本和全要素生产率对我国地区劳均产出差距的贡献。结果发现，我国地区劳均产出差距的主要来源不是物质资本和人力资本的积累，而是全要素生产率的巨大差距，这和我们第 3 章的结论是一致的。此外还发现，改革开放以来，物质资本对地区劳均产出差距的贡献呈上升的趋势，这可能意味着资本配置效率的提高。为了检验结论的稳健性，我们分别采用不同的资本产出弹性值对上述结论进行了验证，发现随着资本产出弹性值的增大，要素投入中的物质资本对劳均产出差距的贡献增加，而全要素生产率的贡献下降，但在可信的范围内，无法改变全要素生产率是我国地区劳均产出差距的主要来源这一基本结论。

上述结论具有重要的政策含义。如果全要素生产率是决定地区差距的主要因素，那么要缩小地区差距，政府就必须首先从提高落后地区的生产效率着手，大力促进落后地区的技术进步，提高生产管理方法等。我国物质资本对地区劳均产出差距的贡献虽然没有全要素生产率那么大，但从改革开放以来的情况看，其贡献是动态变化的，从发展趋势看仍然有一定的上升空间，提高欠发达地区物质资本的配置效率有利于缩小地区发展差距。

5 地区收入差异的非参数分解

5.1 引 言

鉴于近年来我国地区收入差距存在明显的扩大趋势，许多学者从不同角度研究了中国地区收入差距的原因，但没有取得一致的结论。有的学者认为中国地区发展差距的主要源泉是要素积累，特别是物质资本积累（李京文，钟学义，1998；Chow & Lin，2002；傅晓霞，吴利学，2006a）。而彭国华（2005）和李静等（2006）认为全要素生产率解释了我国地区收入差距的主要部分。研究地区收入差距的原因具有重要的政策意义，如果地区差距的来源是要素积累，就可以从造成落后地区要素积累不足的原因着手来缩小地区差距；如果产生地区差距的原因是全要素生产率，那就需要从技术进步和其他决定全要素生产率的因素着手来促进落后地区的发展。在方法方面，多数学者（彭国华，2005；李静等，2006）都采用索洛余值法（Solow Residual Accounting，SRA），只有傅晓霞和吴利学（2006b）采用了随机前沿分析方法（Stochastic Frontier Analysis，SFA）。

现有文献主要在下面几个方面存在不足：第一，多数文献主要强调要素积累或全要素生产率对我国经济增长和发展的重要性，但缺乏对我国地区全要素生产率差异原因的详细考察，全要素生产率和要素积累之间的关系也需要进一步的研究加以说明。第二，在方法方面，不管是SRA还是SFA方法都需要假设生产函数的具体形式，SFA还要假设随机误差的分布函数，因此其结果受生产函数形式设定的影响。第三，在SRA方法下，作为“索洛残差”的全要素生产率包含了太多我们所不了解的成分，仍然是一个“黑匣子”，因此其政策含义十分模糊。第四，多数文献在对地区收敛性的考察方面主要采用β收敛分析，但β收敛得到的是平均意义上的结果，如果存在多峰分布或多重稳态等情况就会得出错误的结论（Quah，1996，1997）。

为了通过劳均产出分解来研究地区收入差距的来源，Kumar、Russell（2002）和 Henderson 等（2007）采用非参数的数据包络分析方法（DEA）将劳均产出变化分解为技术进步（生产前沿的移动）、效率变化（相对于生产前沿距离的变化）和要素投入变化（沿着生产前沿的变化）的贡献。与 SRA 和 SFA 方法相比，这种方法的优点主要体现在三个方面：首先，DEA 方法放松了生产函数假设，从而避免了生产函数误设可能带来的偏误；其次，DEA 方法将全要素生产率变化分解为技术和效率两个部分，这样得出的结论具有更加明确的政策含义；最后，通过估计生产前沿可以更进一步探讨要素禀赋和技术进步之间的关系，从而可为收入差距研究的要素积累和全要素生产率之争提出新的解释。DEA 方法的缺点是只能对劳均产出变化率进行分解，而不是劳均产出水平，因此如果要分析各部分对地区收入水平差距的影响还需借助于其他分析工具。

本章借鉴 Kumar、Russell（2002）和 Henderson 等（2007）的方法将我国 1982—2005 年的劳均产出变化分解为技术进步、效率变化、物质资本积累和人力资本积累的贡献，并通过方差分解和核密度分布分析方法来研究各部分对劳均产出增长率差异的贡献及对地区收入差距的影响。与 Kumar、Russell（2002）和 Henderson 等（2007）不同的是，我们采用了规模报酬可变的 DEA 方法来构造生产前沿并计算效率指数，与采用不变规模报酬的 DEA 方法相比，这样得到的生产前沿能够更加紧密地包络所有样本点，因此计算出的效率指数和分解结果也更加可靠。

5.2 方法与数据

5.2.1 劳均产出的四元分解

我们用 DEA 方法来构造生产前沿并计算效率指数。用 DEA 方法求效率指数时一般都要通过线性规划来计算距离函数，距离函数的计算有两种做法，一种是投入导向（Input Orientation）的计算方法，一种是产出导向（Output Orientation）的计算方法。前者在计算距离函数时保持产出不变，效率用投入可被最大限度地减小的比例来表示。后者则相反，保持投入不变，效率通过最大限度的产出可被增加的比例来计算。具体采用哪种方法取决于所关注的变量，如果投入变量是主要的关注和决策变量，则采用投入导向的计算方法，否则采用产出导向的计算方法。本章主要研究产出的地区差异，故采用产出导向的计算方法。此外，为了使生产前沿能够更加紧密地包络样本点，我们采用了规模报酬可变的 DEA 方法。

为了进行四元分解，将实际有效劳均产出$\hat{y}_i$表示为有效劳均资本$\hat{k}_i$的函数：即$\hat{y}_i = f(\hat{k}_i)$，其中，$\hat{y}_i = Y_i/\hat{L}_i = y_i/H_i$，$\hat{L}_i = H_i L_i$，$y_i$表示劳均产出，$L_i$表示劳动产出，$H_i$表示劳动扩大型人力资本。则 t 时期第 i 个地区的效率指数可以通过下面的线性规划方法求得：

$$
\begin{aligned}
& E(\hat{y}_{it}, \hat{k}_{it}) = \min_{z,\theta}\theta \\
\text{s. t. } & \hat{y}_j/\theta \leqslant \sum_{i=1}^{I} z_{it}\hat{y}_{it} \\
& \hat{k}_j \leqslant \sum_{i=1}^{I} z_{it}\hat{k}_{it} \\
& \sum_{i=1}^{I} z_{it} = 1 \\
& z_{it} \geqslant 0, \\
& i, j = 1, \cdots, I;\ t = 1, \cdots, T
\end{aligned}
\tag{5-1}
$$

如果用e_t表示效率指数，则$0 < e_t \leqslant 1$，只有当某一地区位于生产前沿上时其效率指数才等于 1。在得到实际有效劳均产出和技术效率后即可计算出潜在有效劳均产出：$\bar{y}_t = \hat{y}_t/e_t$，即

$$
\frac{\hat{y}_{t+1}}{\hat{y}_t} = \frac{e_{t+1}}{e_t} \cdot \frac{\bar{y}_{t+1}(k_{t+1})}{\bar{y}_t(k_t)} \tag{5-2}
$$

如果用$\tilde{k}_{t+1} = K_{t+1}/(L_{t+1}H_t)$表示保持 t 期人力资本不变条件下的反事实（Counterfactual）有效劳均资本，$\tilde{k}_t = K_t/(L_t H_{t+1})$表示保持 $t+1$ 期人力资本不变时的反事实有效劳均资本，对式（5－2）的分子和分母分别同乘以$\bar{y}_t(k_{t+1})\bar{y}_t(\tilde{k}_{t+1})$或$\bar{y}_{t+1}(k_t)\bar{y}_{t+1}(\tilde{k}_t)$，适当变换可得实际有效劳均产出的两种分解结果：

$$\frac{\hat{y}_{t+1}}{\hat{y}_t}=\frac{e_{t+1}}{e_t}\cdot\frac{\bar{y}_{t+1}(k_{t+1})}{\bar{y}_t(k_{t+1})}\cdot\frac{\bar{y}(\tilde{k}_{t+1})}{\bar{y}_t(k_t)}\cdot\frac{\bar{y}_t(k_{t+1})}{\bar{y}_t(\tilde{k}_{t+1})} \tag{5-3}$$

$$\frac{\hat{y}_{t+1}}{\hat{y}_t}=\frac{e_{t+1}}{e_t}\cdot\frac{\bar{y}_{t+1}(k_t)}{\bar{y}_t(k_t)}\cdot\frac{\bar{y}_{t+1}(k_{t+1})}{\bar{y}_{t+1}(\tilde{k}_t)}\cdot\frac{\bar{y}_{t+1}(\tilde{k}_t)}{\bar{y}_{t+1}(k_t)} \tag{5-4}$$

式（5－3）和式（5－4）分别是采用不同基准情况下的分解结果，例如式（5－3）右边第二项是以 $t+1$ 期的有效劳均资本保持不变时来度量的技术的变化，而式（5－4）右边第二项是以 t 期的有效劳均资本保持不变时来度量的技术的变化。只要技术不是希克斯中性的，这两种分解方法得出的结果就不会相同。又因为 $t+1$ 期和 t 期的实际劳均产出之比为：

$$\frac{y_{t+1}}{y_t}=\frac{\hat{y}_{t+1}}{\hat{y}_t}\cdot\frac{H_{t+1}}{H_t} \tag{5-5}$$

结合式（5－3）、式（5－4）和式（5－5）可得：

$$\begin{aligned}\frac{y_{t+1}}{\hat{y}_t}=&\frac{e_{t+1}}{e_t}\cdot\left[\frac{\bar{y}_{t+1}(k_{t+1})}{\bar{y}_t(k_{t+1})}\cdot\frac{\bar{y}_{t+1}(k_t)}{\bar{y}_t(k_t)}\right]^{1/2}\times\left[\frac{\bar{y}_t(\tilde{k}_{t+1})}{\bar{y}_t(k_t)}\cdot\frac{\bar{y}_{t+1}(k_{t+1})}{\bar{y}_{t+1}(\tilde{k}_t)}\right]^{1/2}\times\\&\left[\left(\frac{\bar{y}_t(k_{t+1})}{\bar{y}_t(\tilde{k}_{t+1})}\cdot\frac{\bar{y}_{t+1}(\tilde{k}_t)}{\bar{y}_{t+1}(k_t)}\right)^{1/2}\cdot\frac{H_{t+1}}{H_t}\right]\\=&ECH\times TCH\times KACH\times HACH\end{aligned} \tag{5-6}$$

这样就将劳均产出变化分解为四个部分：用 *ECH* 表示效率变化（到生产前沿的距离变化），*TCH* 表示技术进步（生产前沿的移动），*KACH* 表示物质资本积累带来的变化（沿生产前沿面的移动），*HACH* 表示人力资本积累带来的变化。而每一项由不同基准分解的几何平均表示，这样做是为了避免基准选择带来的偏误。在将劳均产出的变化分解为上述四个部分后，就可以考察各个部分对劳均产出变化的贡献。

5.2.2 数据来源

本章样本包含了 1982 年、1992 年和 2005 年 28 个省、自治区和直辖市

（不包括海南、西藏，重庆市数据并入四川省）的数据。其中，劳动力用社会从业人员来代替，各地区社会从业人员、GDP 等数据来自《新中国五十五年统计资料汇编》和各年度的《中国统计年鉴》，并用 GDP 平减指数将其折算为 1982 年不变价。资本存量数据采用张军等（2004）的估计结果，2000 年以后的数据按照同样的方法加以补齐。

人力资本采用 Henderson 等（2007）的计算方法，通过 Mincer 函数和劳均受教育年限数据计算，计算公式如下：

$$H_{it} = e^{f(x)} = e^{\frac{\theta}{1-\eta} \cdot x_{it}^{1-\eta}} \tag{5-7}$$

其中，x 表示平均受教育年限，η 的取值决定了 Mincer 函数的弯曲度，按照 Bils 和 Klenow（2000）对包括中国在内的 56 个国家的估计，η 取 0.57，θ 取 0.32。劳均受教育年限数据来自各年度《中国人口统计年鉴》和《中国劳动统计年鉴》。各教育层次受教育年限分别定为未上过学 1.5 年、小学 6 年、初中 3 年、高中 3 年、大学 3.5 年（大专及以上）。

5.3 分解结果与分析

5.3.1 生产前沿

图 5－1 是我们用 DEA 方法得到的各年度生产前沿。其中，1982 年位于生产前沿的有上海、辽宁和安徽；1992 年位于技术前沿的有上海、辽宁和云南；到了 2005 年，位于生产前沿的有上海、广东、辽宁和云南。在这一时期，只有上海和辽宁始终位于我国生产前沿。这一结果与 Henderson 等（2007）对中国生产前沿的估计不同，在他们的估计中只有上海位于生产前沿。由于我们采用了规模报酬可变的 DEA 方法，所以有更多的地区位于生产前沿，也就是说，我们的方法能够更加紧密地包络所有样本点，故结果也更加可靠。

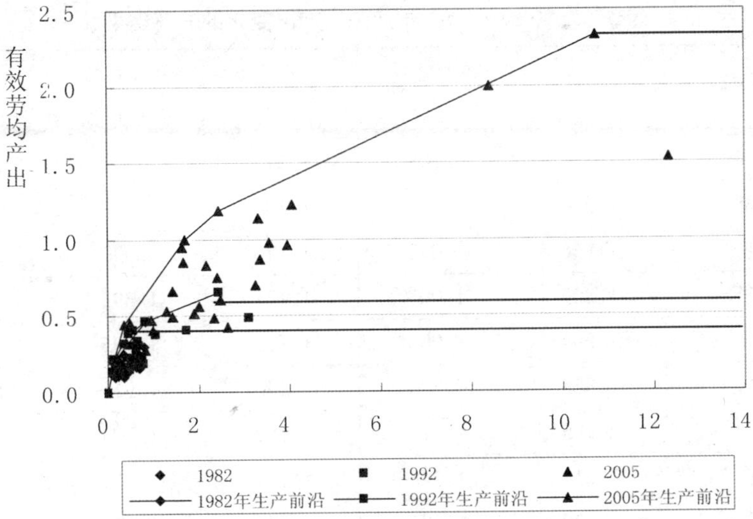

图 5－1　生产前沿示意图

5.3.2　1982—1992 年劳均产出变化的分解结果

从表 5－1 可见，在 1982—1992 年，东部地区劳动生产率增长最快，为 93.1%，其次是西部地区，为 70.3%，中部地区增长最慢，为 54.8%。许多研究（林毅夫，刘培林，2003；许召元，李善同，2006）以及我们后面的分布分析表明，这一时期我国地区劳动生产率呈缓慢发散趋势，显然是西部地区相对中部地区较快的经济增长减缓了我国地区发展差距的扩大。在增长的来源中，无论从全国平均①还是从三大地区分别来看，物质资本积累和技术进步都是最主要的增长源泉，人力资本的贡献较小。虽然从全国平均看效率变化的贡献较小，但效率变化对各地区劳均产出增长的贡献差别很大，西部地区贡献最大，为 15.4%，东部地区约 8.0%，而中部地区则出现了严重的效率下滑，效率的贡献下降 10.2%。效率下降也是造成中部地区劳动生产率增长速度较慢的主要原因。就全国平均来看，物质资本积累增长的贡献最大（37.2%），其次是技术进步（15.6%），然后是人力资本积累（5.5%）和效率变化（4.0%）。

① 本文中的平均都是指几何平均。

表 5 – 1　1982—1992 年间劳均产出变化的分解结果

	劳动生产率增长	效率变化贡献	技术进步贡献	物质资本积累贡献	人力资本积累贡献
北京	1.812	1.008	1.212	1.342	1.105
天津	1.500	1.105	1.106	1.142	1.074
河北	1.846	1.092	1.170	1.377	1.048
辽宁	1.803	1.000	1.171	1.492	1.033
上海	1.504	1.000	1.175	1.195	1.072
江苏	1.825	0.776	1.146	1.918	1.070
浙江	2.185	1.025	1.182	1.709	1.056
福建	2.218	1.348	1.171	1.315	1.068
山东	2.029	1.101	1.111	1.578	1.051
广东	2.591	1.348	1.141	1.615	1.043
东部地区	1.931	1.080	1.159	1.468	1.062
山西	1.482	0.884	1.141	1.395	1.054
内蒙古	1.699	0.880	1.113	1.644	1.055
吉林	1.516	0.910	1.170	1.368	1.041
黑龙江	1.425	0.893	1.113	1.398	1.025
安徽	1.490	0.719	1.172	1.718	1.029
江西	1.575	0.938	1.204	1.306	1.068
河南	1.696	0.962	1.170	1.395	1.080
湖北	1.464	0.885	1.269	1.255	1.038
湖南	1.581	1.005	1.193	1.254	1.052
中部地区	1.548	0.898	1.172	1.415	1.049
广西	1.809	1.285	1.231	1.094	1.046
四川	1.577	1.069	1.169	1.211	1.042
贵州	1.428	1.000	1.170	1.157	1.056
云南	2.051	1.220	1.259	1.312	1.018
陕西	1.727	1.064	1.096	1.413	1.049
甘肃	1.323	1.053	1.030	1.123	1.085

(续上表)

	劳动 生产率增长	效率变化 贡献	技术进步 贡献	物质资本 积累贡献	人力资本 积累贡献
青海	1.452	1.124	1.113	1.120	1.035
宁夏	1.511	1.170	1.058	1.149	1.062
新疆	2.449	1.401	1.113	1.431	1.098
西部地区	1.703	1.154	1.138	1.223	1.055
全国平均	1.735	1.040	1.156	1.372	1.055

5.3.3 1992—2005 年劳均产出变化的分解结果

由表5-2可见，在1992—2005年，东部地区的劳动生产率增长最快，达3.855倍。与1982—1992年期间不同，这一时期中部地区劳动生产率的增长速度超过了西部地区。研究表明，这一时期我国地区之间的发展差距迅速拉大。就全国平均来看，劳动生产率增长的来源中，物质资本积累的贡献依然最高，为89.2%，这一时期技术进步的贡献较上一时期有所增长，达58.9%，人力资本积累和效率变化的贡献依然较小，分别为7.6%和6.3%。就三大地带来看，物质资本积累和人力资本积累对三大地区的贡献比较平均，但技术进步对中西部劳均产出增长的贡献远远小于对东部的贡献，效率变化对中部地区劳均产出增长的贡献较大，对东部地区的贡献较小，而对西部地区的贡献甚至为负值。值得关注的是，在1982—1992年，中部地区的效率变化贡献水平出现了严重下降，而在1992—2005年，西部地区的效率变化贡献普遍下降，但东部地区的效率变化贡献在两个时期都保持了平稳的增长态势，效率变化呈现出明显的地域性特征，导致这一结果的原因是什么？值得进一步研究。

表5-2 1992—2005年劳均产出变化的分解结果

	劳动 生产率增长	效率变化 贡献	技术进步 贡献	物质资本 积累贡献	人力资本 积累贡献
北京	3.516	0.882	2.657	1.376	1.091
天津	5.251	1.391	2.339	1.541	1.047
河北	3.631	1.045	1.509	2.114	1.089

（续上表）

	劳动生产率增长	效率变化贡献	技术进步贡献	物质资本积累贡献	人力资本积累贡献
辽宁	2.761	1.000	1.481	1.798	1.037
上海	3.975	1.000	2.559	1.443	1.076
江苏	4.895	1.289	1.674	2.055	1.104
浙江	4.102	1.107	1.590	2.130	1.094
福建	3.412	1.012	1.483	2.132	1.066
山东	3.643	1.047	1.642	1.931	1.097
广东	3.359	1.004	1.524	1.967	1.116
东部地区	3.855	1.078	1.846	1.849	1.082
山西	3.596	1.034	1.596	2.030	1.074
内蒙古	4.445	1.238	1.672	1.967	1.091
吉林	3.740	1.213	1.504	2.016	1.017
黑龙江	2.677	1.127	1.512	1.527	1.029
安徽	2.950	1.264	1.164	1.854	1.081
江西	3.228	1.039	1.380	2.124	1.060
河南	3.248	1.166	1.446	1.803	1.069
湖北	3.583	0.939	1.344	2.706	1.050
湖南	3.035	1.187	1.304	1.855	1.056
中部地区	3.389	1.134	1.436	1.987	1.058
广西	2.653	0.852	1.257	2.338	1.059
四川	3.162	1.113	1.504	1.937	0.975
贵州	2.345	1.002	1.290	1.693	1.071
云南	2.379	1.000	1.135	2.058	1.018
陕西	3.112	1.089	1.539	1.657	1.120
甘肃	3.027	0.898	1.579	1.767	1.208
青海	2.968	0.922	1.538	1.889	1.107
宁夏	2.821	1.021	1.537	1.661	1.081
新疆	2.812	0.893	1.721	1.613	1.134
西部地区	2.809	0.977	1.456	1.846	1.086
全国平均	3.369	1.063	1.589	1.892	1.076

5.3.4 地区劳均产出增长率差异的方差分解

为了能够较为准确地分析各地区劳均产出增长率差异的来源，我们采用类似 KR 分解法的方法对劳均产出增长率进行分解。首先对式（5－6）两端取自然对数可得：

$$\ln\left(\frac{y_{t+1}}{\hat{y}_t}\right) = \ln ECH + \ln TCH + \ln KACH + \ln HACH \tag{5-8}$$

用 G_y 代替 $y_{t+1}/\hat{y}_t$ 表示劳均产出增长率，然后进行方差分解即得：

$$\begin{aligned}\mathrm{var}(\ln G_y) = {} & \mathrm{cov}(\ln G_y, \ln ECH) + \mathrm{cov}(\ln G_y, \ln TCH) \\ & + \mathrm{cov}(\ln G_y, \ln KACH) + \mathrm{cov}(\ln G_y, \ln HACH)\end{aligned} \tag{5-9}$$

$$\frac{\mathrm{cov}(\ln G_y, \ln ECH)}{\mathrm{var}(\ln G_y)} + \frac{\mathrm{cov}(\ln G_y, \ln TCH)}{\mathrm{var}(\ln G_y)} + \frac{\mathrm{cov}(\ln G_y, \ln KACH)}{\mathrm{var}(\ln G_y)} + \frac{\mathrm{cov}(\ln G_y, \ln HACH)}{\mathrm{var}(\ln G_y)} = 1 \tag{5-10}$$

其中，var 表示方差，cov 表示协方差。这样就将劳均产出增长率差异分解为效率变化、技术进步、物质资本积累和人力资本积累的贡献。利用表 5－1 和表 5－2 数据并按照式（5－10）进行方差分解的结果见表 5－3。

由表 5－3 可见，在 1982—1992 年，造成地区之间劳均产出增长率差异的主要来源是效率变化和物质资本积累，分别占 53.6% 和 40.5%，技术进步和人力资本积累的贡献较小。而在 1992—2005 年，技术进步成为地区劳均产出增长率差异的主要来源，占 60.2%，其次是效率变化，占 33.5%，而物质资本积累和人力资本积累的贡献不大。可见，效率变化始终是地区劳均产出增长率差异的主要原因之一，技术进步在早期的贡献较小，但随着时间的推进，技术进步对地区劳均产出增长和增长率差异的贡献显著上升。其原因我们将在随后的分析中进一步说明。

表 5-3　劳均产出增长率方差分解结果

	效率变化贡献	技术进步贡献	物质资本积累贡献	人力资本积累贡献
1982—1992 年	0.536	0.047	0.405	0.013
1992—2005 年	0.335	0.602	0.043	0.020

5.4　劳均产出增长率构成对地区劳均产出水平影响的分布分析

在对我国地区收入的收敛分析中，绝大多数研究都采用了绝对或相对 β 收敛分析。但 β 收敛得到的只是平均意义上的结果，如果出现多重稳态和多峰收敛等非线性现象就无法揭示其真正的收敛态势。为了更加深入地了解我国劳均产出增长率构成（效率变化、技术进步、物质资本积累和人力资本积累）对地区劳均收入收敛态势的动态影响，我们采用 Epanechnikov 核密度函数做出劳均产出增长率构成对期初收入影响的分布图，劳均产出增长率构成对地区劳均收入的动态影响分别用劳均产出增长率构成与期初劳均产出的乘积来表示，图 5-2 和图 5-3 分别是 1982—1992 年以及 1992—2005 年劳均产出增长率构成与期初劳均产出乘积的核密度分布图。

由图 5-2 可见，1982 年地区劳均产出的核密度分布（Y82）成明显的多峰分布态势，少数劳均产出较高的地区形成了三个小的波峰，而绝大多数地区则形成低劳均产出区的主波峰。在 1982—1992 年，效率变化与 1982 年劳均产出乘积的分布（Y82 × *ECH*）基本保持了 1982 年劳均产出分布的基本形状，但波峰相对于 1982 年劳均产出向高劳均产出方向有所移动，说明效率变化总体上促进了劳均产出的增长，但对地区劳均产出分布的影响较小。技术进步与 1982 年劳均产出乘积的分布（Y82 × *TCH*）以及人力资本积累与 1982 年劳均产出乘积的劳均产出（Y82 × *HACH*）也表现为多峰分布，且波峰均相对 1982 年劳均产出分布向高劳均产出方向移动，但 Y82 × *TCH* 的波峰移动更多，说明这一时期技术进步对我国地区劳均产出增长的促进作用要大于人力资本积累。物资资本积累和 1982 年劳均产出乘积的分布（Y82 × *KACH*）与 1992 年劳均产出的分布比较相似，多峰分布不明显，主峰相对于 1982 年劳均产出显著下降并向高收入方向移动。这一结果表明，物质资本积累是造成 1982—

1992 年我国地区劳均产出增长和差距缓慢扩大的主要因素。

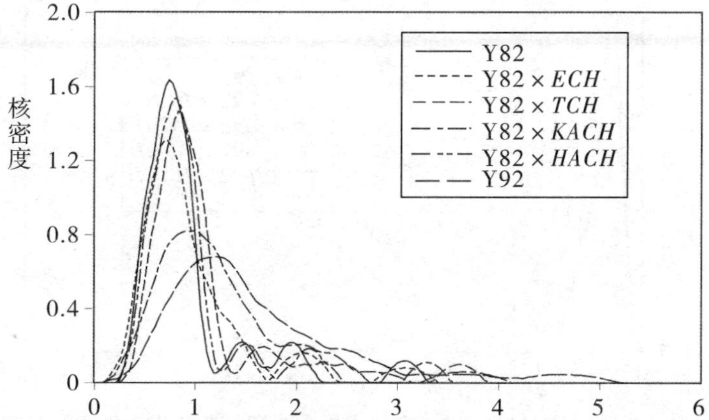

图 5-2　1982—1992 年劳均产出增长率构成与期初劳均产出乘积的核密度分布图

图 5-3 表明，1992 年我国地区劳均产出的核密度分布（Y92）基本上呈单峰分布。与 1992 年劳均产出的分布相比，2005 年地区劳均产出的分布（Y05）更加分散，低劳均产出区的主峰进一步下降并向高劳均产出方向有较大幅度移动，说明各地区劳均产出都得到了较大的增长，但各地区增长速度相差很大，少数高收入地区的增长幅度远大于多数较低收入地区，从而导致我国地区劳均产出差距拉大。在 1992—2005 年，效率变化与 1992 年劳均产出乘积的分布（Y92 × *ECH*）以及人力资本积累与 1992 年劳均产出乘积的分布（Y92 × *HACH*）和 1992 年劳均产出的分布相比变化不大，表明效率变化和人力资本积累对这一时期我国劳均产出增长和地区差距的影响较小。技术进步与 1992 年劳均产出乘积的分布（Y92 × *TCH*）为多峰分布，与 1992 年劳均产出分布相比，较低劳均产出区的主峰高度显著下降并向高劳均产出区间移动，说明技术进步不但促进了劳均产出的增长，还促使地区收入差距拉大。物质资本积累与 1992 年劳均产出乘积的分布（Y92 × *KACH*）与 1992 年劳均产出分布相比显著下降且向高收入方向移动，但分布比 Y92 × *TCH* 集中，说明物质资本积累显著促进了地区收入增长，但对各地区的作用比较平均，因此对地区收入差距的影响小于技术进步，这和前面方差分解中这一时期物质资本积累的方差较小是一致的。可见，在 1992—2005 年，促使地区劳均产出增长和发散的主要因素是技术进步和物质资本积累，但技术进步对地区收入发散

的作用更大。

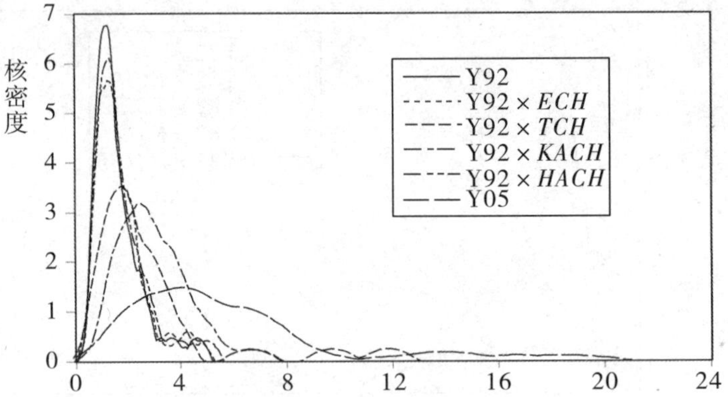

图 5 - 3　1992—2005 年劳均产出增长率构成影响与期初劳均产出乘积的核密度分布图

5.5　技术和要素关系的进一步探讨

许多研究都认识到全要素生产率是地区收入差距的主要原因，但很少有人研究造成全要素生产率地区差异的原因。有些研究甚至简单地将地区全要素生产率差异的原因归结为技术传播障碍（即技术可得性），考虑到技术知识的公共产品性质以及现实中巨大的跨国或跨地区技术差距，技术可得性说法显然无法解释落后国家或地区无法取得发达国家数十年之前的生产技术，所以全要素生产率地区差异的技术可得性说法是缺乏说服力的。

我们在前面将技术和要素如物质资本和人力资本并列进行分析。实际上，技术和要素禀赋之间存在重要联系，技术明显是要素非中性的。从图 5 - 1 的生产前沿面可见，由于不同的生产前沿意味着不同的技术，所以不同的要素禀赋结构（图中用横轴的有效劳均资本表示）面临不同的技术，有效劳均资本高的地区面临生产率较高的技术，而且技术进步主要发生在高有效劳均资本区间，较低有效劳均资本区间的技术前沿几乎没有发生变化，说明这一区间的技术进步非常缓慢。前文已经发现 1992—2005 年技术进步对劳均产出增长的贡献大于 1982—1992 年，这是因为随着时间的推进，我国各地区的要素禀赋结构得到较大的改善，从而采用了更具生产力的技术。

这一结论与 Basu 等学者提出的适宜技术理论是一致的。适宜技术理论认为，不同国家或地区所面对的技术前沿不同，技术是要素特定的（Factor Specific），即一定的技术只适合特定的要素禀赋，这里的要素禀赋主要指物质资本和人力资本，可以用 $A=A\ (k,\ h)$ 来表示。各个国家都选择最适合本国要素禀赋组合的技术进行生产，由于不同技术的生产力不同，因此造成国家或地区生产率的差别。按照适宜技术理论，发达国家开发的技术必然针对本国的要素禀赋状况，如果将这些技术转移到要素禀赋完全不同的发展中国家，其生产能力将会减弱。这就意味着欠发达国家或地区要想提高自己的收入，首先必须通过提高自己的要素禀赋结构来获取更加先进的技术，才能缩小与较发达国家或地区的差距。

5.6 小　结

本章采用规模报酬可变的 DEA 方法将 1982—2005 年我国劳均产出的变化分解为技术进步、效率变化、物质资本积累和人力资本积累的贡献四个部分，然后通过方差分解方法估算了各成分对地区劳均产出增长率差异的贡献，并用核密度分布方法分析了上述四个部分对地区收入差距的影响。主要结论如下：①物质资本积累是 1982—2005 年我国劳均产出增长的主要来源，其次是技术进步，而效率变化和人力资本积累的贡献较小。值得注意的是，效率变化表现出某些明显的地域特征，1982—1992 年中部地区效率变化的贡献普遍下降，而 1992—2005 年西部地区效率变化的贡献出现了下滑，其原因有待进一步的研究加以说明；②方差分析表明，1982—1992 年，劳均产出增长率的地区差异主要来自效率变化和物质资本积累的差异，而 1992—2005 年，劳均产出增长率地区差异主要来自技术进步和效率变化的差异；③分布分析表明，1982—1992 年，决定地区收入动态分布的主要是物质资本积累，即物质资本积累是影响地区收入差距的主要因素；在 1992—2005 年，促使地区收入增长和发散的主要是技术进步和物质资本积累，但技术进步对地区收入发散的作用大于物质资本积累，而物质资本积累对地区收入的增长效应大于技术进步；④技术是要素非中性的，技术和要素禀赋之间可能存在某种函数关系，技术进步主要发生在有效劳均资本较高的地区，而有效劳均资本较低地区的技术进步非常缓慢。这一发现也为我国地区收入差距来源的要素积累和全要素生产率之争提供了进一步的解释。

本章结论具有重要的政策含义：第一，要素投入是影响我国地区收入差距的重要因素之一，要素投入不但直接影响地区发展差距，还影响各地区对先进技术的吸收和利用。既然技术进步是和一定的要素禀赋结构相匹配的，那么，要想使落后地区通过技术进步实现跨越式发展，首先必须提高本地区的物质资本和人力资本积累水平，同时还要保持经济的开放性，为吸收和利用国际先进技术创造条件。第二，效率变化作为另一影响我国地区劳均产出增长率差异的重要因素之一，提高效率对缩小地区收入差距也有重要意义，特别是效率变化表现出很强的地域性特征。考虑到我国在政策制定和实施上往往存在地域性歧视，因此，进一步探讨效率与政策及制度之间的关系具有特殊的重要意义，也是我们下一步要研究的课题。

6 全要素生产率的非参数分解

上一章我们借助数据包络分析方法将劳均产出分解为效率变化和要素投入，又结合柯布—道格拉斯生产函数进一步将全要素生产率分解为效率变化和技术进步两部分，但上述分析都限于水平分析。在本章我们将完全放松生产函数假设，进一步将全要素生产率增长率分解为技术进步变化、纯效率变化和规模效率变化三个部分，并结合绝对收敛分析和核密度函数分布分析来研究全要素生产率及其构成对地区劳均产出变化的影响，因此本章的分析为增长率分析。

6.1 引　言

在传统的新古典经济理论中，全要素生产率是通过生产函数计算出来的"Solow 余值"，这样得到的全要素生产率包含了太多我们所不了解的成分，是对我们"无知的度量"。因此近年来有许多文献尝试采用不同的分解方法来打开全要素生产率这个"黑匣子"。目前主要有两种方法，即随机前沿生产函数法和基于数据包络分析的 Malmquist 指数法（简称 Malmquist 指数法）。前者能够较好地处理统计误差等随机干扰带来的影响，但要假设具体的生产函数形式和随机干扰因素的分布函数，因此可能存在生产函数和分布函数形式误设所带来的偏误。后者采用的是非参数的数据包络分析方法，所以避免了函数误设带来的问题，但由于采用的是确定性生产前沿，因此会将统计过程中产生的随机干扰带入计算过程。两种方法都可以将全要素生产率变化分解为技术进步变化（即生产前沿的变化）和效率变化（即实际生产点相对于生产前沿的变化），Fare 等（1994）还进一步将效率变化分解为纯效率变化和规模效率变化。

在前面的文献综述部分，我们已经介绍了一些学者对我国全要素生产率的分解和收敛的研究。但由于在样本区间、指标选择和数据处理等方面存在很大差异，所以结果差别较大。上述文献主要有两点不足：一是在全要素生产率的计算和分解中都没有考虑人力资本因素，也没有研究全要素生产率及其构成对地区收入差距的影响；二是采用逐年计算的方法，对于生产前沿方法特别是确定性前沿方法来说，逐年计算会受到统计误差和异点值（Outlier）的严重影响，甚至得出完全不同的结果。例如，王志刚等（2006）计算出的1980年中后期我国全要素生产率呈增长趋势，但颜鹏飞和王兵（2004）计算出的同时期全要素生产率变化则呈下降趋势。

本章运用 Malmquist 指数法分别计算了 1982—1992 年和 1992—2005 年我国各地区全要素生产率的增长，并将之分解为技术进步变化和效率变化（包括纯效率变化和规模效率变化）。分析表明，各地区全要素生产率及其构成在不同时期具有不同的变化特点，全要素生产率是促进地区劳均产出发散的重要因素，但其作用主要来自技术进步变化，效率变化的贡献较小。不过，有趣的是，效率变化却是 1982—1992 年中部地区和 1992—2005 年西部地区全要地区素生产率增长缓慢的主要原因。

6.2 全要素生产率的分解方法和数据来源

用 Malmquist 指数法来计算和分解全要素生产率增长的方法是由 Fare 等（1994）提出来的。其主要思想是用数据包络分析方法构造确定性生产前沿，并用线性规划方法计算出距离函数，然后采用距离函数计算出 Malmquist 全要素生产率增长指数并将之分解为技术进步变化和效率变化等成分。

假设有 $i=1, \cdots, I$ 个决策单元（Decision Making Unit，DMU）分别在时期 $t=1, \cdots, T$ 用 $n=1, \cdots, N$ 种投入 $x_n^{i,t}$ 来生产 $m=1, \cdots, M$ 种产出 $y_m^{i,t}$。

Malmquist 全要素生产率增长指数一般采用下式表示：

$$M_i(x^{t+1}, y^{t+1}, x^t, y^t) = \left[\left(\frac{D_i^t(x^{t+1}, y^{t+1})}{D_i^t(x^t, y^t)}\right)\left(\frac{D_i^{t+1}(x^{t+1}, y^{t+1})}{D_i^{t+1}(x^t, y^t)}\right)\right]^{1/2} \quad (6-1)$$

其中，D_i^p（x^q，y^q）表示以 p 期技术为基准表示的 q 期实际生产点的距离函数（p，$q=t$，$t+1$）。式（6－1）右边第一项和第二项分别是以 t 期和 $t+1$

期技术为基准的 Malmquist 全要素生产率增长指数，为避免基准选择带来的主观误差，所以采用二者的几何平均。为了进行全要素生产率分解，式（6－1）可以改写为：

$$M_i(x^{t+1},y^{t+1},x^t,y^t)=\frac{D_i^{t+1}(x^{t+1},y^{t+1})}{D_i^t(x^t,y^t)}\left[\left(\frac{D_i^t(x^{t+1},y^{t+1})}{D_i^{t+1}(x^{t+1},y^{t+1})}\right)\left(\frac{D_i^t(x^t,y^t)}{D_i^{t+1}(x^t,y^t)}\right)\right]^{1/2} \tag{6-2}$$

式（6－2）中右边第一项（方括号外）表示效率变化指数（*ECH*），第二项（方括号内）表示技术进步变化指数（*TCH*）。如果用 *TFPCH* 表示全要素生产率增长指数，式（6－2）可表示为：

$$TFPCH=ECH\times TCH \tag{6-3}$$

距离函数可以用数据包络分析和线性规划方法来计算，距离函数的计算我们在第 5 章已经介绍过，有两种做法，一种是投入导向的计算方法，一种是产出导向的计算方法。本章采用产出导向的计算方法，原因与第 5 章相同。

规模报酬不变条件下产出导向的距离函数 D_j^p（x^q，y^q）可以采用下面的线性规划来求解：

$$\begin{aligned}
&[D_j^p(x^{j,q},\ y^{j,q})]^{-1}=\max_{\{\phi_j,\lambda_t,\cdots,\lambda_{28}\}}\phi_j\\
&\text{s.t.}\quad -\phi_j y_m^{j,q}+\sum_{i=1}^{I}\lambda_i^p y_m^{i,p}\geqslant 0\\
&\qquad x_n^{j,q}-\sum_{i=1}^{I}\lambda_i^p x_n^{j,p}\geqslant 0\\
&\lambda_i^p\geqslant 0\qquad i,\ j=1,\ \cdots,\ I
\end{aligned} \tag{6-4}$$

其中，$1\leqslant\phi<\infty$，$\phi-1$ 就是在投入保持不变的情况下，i 地区产出可被增加的最大比例。ϕ 的倒数就是距离函数。通过改变规模报酬约束可以进一步将效率变化分解为纯效率变化和规模效率变化。计算公式如下：

$$ECH=PECH\times SECH \tag{6-5}$$

其中，*ECH* 是在规模报酬不变条件下计算出来的效率变化，*PECH* 是在规模报酬可变条件下［在式（6－4）中加入 $\sum_{i=1}^{I}\lambda_i^p=1$ 的约束］计算出的效率变化，为了区别我们将 *PECH* 称为纯效率变化，*SECH* 称作规模效率变化。这样，通过式（6－3）和式（6－5）就可以将全要素生产率增长率分解为技术进步变化、纯效率变化和规模效率变化。即

$$TFPCH = ECH \times TCH = PECH \times SECH \times TCH \qquad (6-6)$$

在对多期数据进行数据包络分析时，就有可能产生后期的生产前沿面低于前期的生产前沿面的现象，由于生产前沿面代表的是技术，当一种技术被创造出来以后，似乎不大可能消失，即前期产生的技术似乎应该出现在后期生产可选的技术菜单之中。为解决这一问题，我们在计算后期全要素生产率时包含了前期的数据。

为了研究方便，在本章的研究中，以劳均产出作为产出变量，劳均资本和劳均人力资本（用劳均受教育年限表示）作为投入变量。

本章的样本数据与第 5 章相同，关于其说明和来源可以参见第 5 章有关的数据说明部分。

6.3 全要素生产率分解的结果分析

我们仍然以 1992 年为界将研究分为 1982—1992 年和 1992—2005 年两个时期分别进行分析。这样做除了第 5 章所介绍的两个原因之外，另一个重要的原因是与逐年计算相比，较长的计算时间间隔可以降低统计误差和异点值所带来的影响，这也是我们和许多研究（颜鹏飞，王兵，2004；郭庆旺等，2005；王志刚等，2006）不同的地方。由于我国东、中、西部三大地区在经济上存在较大异质性，因此按照传统的区域划分进行比较分析，全要素生产率分解的结果分别见表 6－1 和表 6－2。

6.3.1 1982—1992 年全要素生产率分解的结果分析

从表 6－1 可见，上海和辽宁的效率变化为 1，是因为这两个地区在 1982 年和 1992 年都处在生产前沿面上。1982—1992 年，全要素生产率增长最快的

地区是新疆，为57.7%，有少数地区的全要素生产率出现了下降，这些地区是江苏、山西、内蒙古、安徽等。

但从全国平均来看，这一时期全要素生产率累计增长20.4%，年平均增长1.85%。其增长的主要来源为技术进步变化（16.2%），纯效率和规模效率变化的贡献较小。

就三大地区来看，这一时期西部地区的全要素生产率增长最快，增长30.5%，其次是东部地区，为25.0%；中部地区增长最慢，仅为5.3%。导致中部地区全要素生产率增长较慢的原因是效率水平的严重下降，实际上，这一时期所有中部地区都出现了效率水平的下降，平均下降幅度高达12%，其中下降最严重的是安徽省，下降了约26%。而且值得关注的是，全国发生效率下滑的省区除了江苏和贵州之外都位于中部地区。但就技术进步来看，这一时期中部地区的技术进步变化增长并不低，为19.7%，甚至还是三大地带中最高的。可见，虽然就全国平均来说效率变化对全要素生产率增长的贡献较小，但对部分省区的影响却非常关键。

表6－1　1982—1992年全要素生产率的分解结果

	效率变化贡献	技术进步变化贡献	纯效率变化贡献	规模效率变化贡献	全要素增长率
北京	1.002	1.194	1.057	0.948	1.197
天津	1.118	1.062	1.110	1.007	1.188
河北	1.071	1.193	1.049	1.021	1.278
辽宁	1.000	1.202	1.000	1.000	1.202
上海	1.000	1.135	1.000	1.000	1.135
江苏	0.788	1.155	0.781	1.008	0.910
浙江	1.040	1.199	1.035	1.005	1.248
福建	1.289	1.210	1.219	1.057	1.559
山东	1.121	1.101	1.139	0.984	1.234
广东	1.320	1.172	1.282	1.029	1.547
东部平均	1.075	1.162	1.067	1.006	1.250
山西	0.864	1.155	0.861	1.004	0.999
内蒙古	0.890	1.114	0.868	1.026	0.992

（续上表）

	效率变化贡献	技术进步变化贡献	纯效率变化贡献	规模效率变化贡献	全要素增长率
吉林	0.899	1.198	0.911	0.986	1.077
黑龙江	0.905	1.111	0.927	0.975	1.005
安徽	0.704	1.196	0.748	0.942	0.842
江西	0.906	1.246	0.909	0.997	1.129
河南	0.929	1.201	0.884	1.051	1.116
湖北	0.848	1.312	0.941	0.901	1.112
湖南	0.971	1.240	1.019	0.953	1.204
中部平均	0.880	1.197	0.896	0.982	1.053
广西	1.218	1.289	1.403	0.868	1.569
四川	1.063	1.170	1.044	1.018	1.244
贵州	0.932	1.204	0.761	1.224	1.121
云南	1.185	1.292	1.000	1.185	1.531
陕西	1.122	1.054	1.069	1.049	1.182
甘肃	1.101	0.972	1.000	1.101	1.070
青海	1.165	1.072	1.092	1.067	1.249
宁夏	1.211	0.996	1.003	1.207	1.206
新疆	1.451	1.086	1.369	1.060	1.577
西部平均	1.161	1.126	1.082	1.087	1.305
全国平均	1.040	1.162	1.017	1.024	1.204

6.3.2 1992—2005 年全要素生产率分解的结果分析

从表 6－2 可见，1992—2005 年辽宁、上海、广东和云南的效率变化指数为 1，即没有发生变化，说明这四个省市处在技术前沿面上。在此期间，全要素生产率增长最快的地区是天津市，增长了 222.1%。

从三大地区来看，东部地区的全要素生产率增长最快，增长约 1 倍，中部次之，增长 61.1%，西部最少，只有 37.2%。三大地区中东部和中部的效率都有所提高，其中中部地区效率变化的提高尤其明显，只有西部地区出现了显著的效率变化下滑，平均下降5.9%。这是一个非常值得关注的现象，在1982—1992年，中部地区的效率变化出现了普遍的下降，而在1992—2005年，西部地区的效率变化也出现了普遍下降，效率变化下降趋势表现出强烈的地域特点，导致这一结果的原因是什么？这个问题有待进一步的研究。

表6-2 1992—2005年全要素生产率分解结果

	效率变化贡献	技术进步变化贡献	纯效率变化贡献	规模效率变化贡献	全要素增长率
北京	0.882	2.638	0.883	0.999	2.327
天津	1.371	2.349	1.360	1.008	3.221
河北	1.037	1.535	1.072	0.967	1.591
辽宁	1.000	1.519	1.000	1.000	1.519
上海	1.000	2.544	1.000	1.000	2.544
江苏	1.258	1.713	1.302	0.966	2.156
浙江	1.097	1.624	1.201	0.913	1.781
福建	1.015	1.493	1.028	0.988	1.516
山东	1.006	1.697	1.059	0.949	1.707
广东	1.000	1.544	1.000	1.000	1.544
东部平均	1.067	1.866	1.091	0.979	1.991
山西	1.044	1.615	1.038	1.005	1.686
内蒙古	1.200	1.718	1.248	0.961	2.061
吉林	1.226	1.534	1.209	1.014	1.880
黑龙江	1.105	1.556	1.074	1.029	1.719
安徽	1.278	1.016	1.251	1.022	1.298
江西	1.063	1.343	1.032	1.030	1.427
河南	1.155	1.489	1.149	1.005	1.719
湖北	0.994	1.185	0.866	1.148	1.178
湖南	1.206	1.270	1.171	1.030	1.532
中部平均	1.141	1.414	1.115	1.027	1.611
广西	0.890	1.116	0.785	1.133	0.993
四川	1.133	1.540	1.678	0.675	1.745
贵州	0.988	1.326	1.956	0.505	1.310

（续上表）

	效率变化贡献	技术进步变化贡献	纯效率变化贡献	规模效率变化贡献	全要素增长率
云南	1.000	0.923	1.000	1.000	0.923
陕西	0.996	1.608	0.879	1.133	1.603
甘肃	0.794	1.691	0.573	1.386	1.342
青海	0.884	1.597	1.101	0.803	1.411
宁夏	0.958	1.601	0.966	0.991	1.533
新疆	0.830	1.790	0.794	1.046	1.486
西部平均	0.941	1.466	1.081	0.964	1.372
全国平均	1.050	1.592	1.096	0.990	1.670

就全国平均而言，这一时期全要素生产率增长了67.0%，年均增长4.79%。与1982—1992年相比，这一时期全要素生产率的增长速度要高很多。与1982—1992年相同的是，这一时期全要素生产率增长的主要源泉依然来自技术进步变化，效率变化（包括纯效率变化和规模效率变化）的贡献很小。可见，改革开放以来我国全要素生产率增长的主要源泉是技术进步变化，而不是效率的改善。可能是对外开放为中国吸收外国技术提供了极大的便利，我国通过对外开放获得了许多较为先进的技术和设备，从而提高了我国的整体技术水平。

6.4 全要素生产率及其构成的收敛和分布分析

6.4.1 绝对收敛分析

近年来有许多文献（彭国华，2005；郭庆旺等，2005）研究我国全要素生产率的收敛问题，但并没有得出一致的结论。本节首先分析我国全要素生产率及其构成的绝对β收敛。

由于通过Malmquist指数法只能得到全要素生产率及其构成的变化率，所以无法直接研究全要素生产率自身的收敛现象。因此，我们检验全要素生产率对劳均产出的收敛。这样做有两层考虑：首先，全要素生产率本身就是劳均产出的一个组成部分，按照 Sargent 和 Rodriguez（2001）的研究，在新古典增长模型的长期均衡路径上，劳均产出的增长全部来自全要素生产率；其次，研究全要素生产率收敛的主要目的是考察其对地区收入差距的影响，检验全要素生产率对劳均产出的收敛性可以直接分析全要素生产率对地区收入差距的影响，如果全要素生产率相对于劳均产出收敛，则全要素生产率促进了地区收入差距的缩小，否则就扩大了地区收入差距。

我们检验绝对收敛的方程为：

$$\gamma_i = c + \beta \ln y_{i,0} + \varepsilon_i \qquad (6-7)$$

其中，γ_i表示全要素生产率或其构成增长率，c 为常数项，β 为回归系数，$y_{i,0}$表示期初（第一时期为 1982 年，第二时期为 1992 年）劳均产出，ε_i为干扰项。如果回归系数$\beta<0$，就表示全要素生产率或其构成相对于期初劳均产出收敛，从而说明全要素生产率或其构成促进了地区收入差距的缩小；如果$\beta>0$，说明全要素生产率或其构成相对于期初劳均产出发散，从而说明全要素生产率及其构成是导致地区收入差距拉大的因素。

表 6－3 是 1982—1992 年全要素生产率及其构成增长率对 1982 年劳均产出回归的结果。其中，全要素生产率相对于 1982 年劳均产出回归时的β系数为负值，但不显著，说明全要素生产率及其构成对于地区劳均产出收敛的影响不明显。许多研究（林毅夫，刘培林，2003；许召元，李善同，2006）表明，我国地区劳均收入差距在此期间是缓慢发散的，绝对收敛分析表明全要素生产率不是地区劳均收入发散的原因。效率变化及其构成与 1982 年劳均产出负相关，但不显著；技术进步变化与 1982 年劳均产出显著负相关，但系数值很小，说明技术进步虽然是阻止地区差距扩大的因素，但作用有限。总体上看，这一时期全要素生产率及其构成对地区收入差距的影响不大，这一结果可能与该时期地区劳均产出差距变化较小有关。

表 6－3　1982—1992 年全要素生产率及其构成相对于期初劳均产出的收敛分析

	TFPCH	*ECH*	*TCH*	*PECH*	*SCH*
c	1.499*** (0.221)	1.123*** (0.193)	1.353*** (0.130)	0.908*** (0.210)	1.259*** (0.158)

（续上表）

	TFPCH	*ECH*	*TCH*	*PECH*	*SCH*
β 系数	-0.066 (0.047)	-0.019 (0.042)	-0.043* (0.026)	0.024 (0.046)	-0.053 (0.033)
Adjusted R^2	0.198	-0.036	0.016	-0.034	0.050
F 统计量	0.445	0.062	1.435	0.118	2.421
D-W 统计量	2.036	1.593	1.221	1.653	1.422

注：***、*分别表示1%和10%的显著性水平。括号内的数字为标准误。

表6－4是1992—2005年全要素生产率及其构成增长率对1992年劳均产出回归的结果。与1982—1992年不同，全要素生产率增长率对1992年劳均产出回归的β系数显著为正值，说明全要素生产率相对于1992年劳均产出呈现非常显著的发散倾向。许多研究也表明，我国地区劳均收入差距在1992年后明显扩大，我们的分析结果表明全要素生产率是造成这一时期地区收入差距扩大的重要原因。在全要素生产率构成中，技术进步变化对1992年劳均产出回归的系数也显著为正值，表明技术进步变化也显示出强烈的发散趋势，效率变化对1992年劳均产出回归的β系数虽然为正值，但不显著，其两个组成成分纯效率变化和规模效率变化对1992年劳均产出的回归系数也不显著。由此可见，技术进步变化是这一时期我国地区收入差距扩大的主要因素之一，效率变化对地区收入差距的影响不明显。

表6－4　1992—2005年全要素生产率及其构成相对于期初劳均产出的收敛分析

	TFPCH	*ECH*	*TCH*	*PECH*	*SCH*
c	-1.661** (0.780)	1.030*** (0.313)	-1.564** (0.660)	1.763** (0.742)	0.802* (0.438)
β 系数	0.669*** (0.163)	0.004 (0.063)	0.634*** (0.134)	-0.134 (0.142)	0.038 (0.083)
Adjusted R^2	0.428	-0.038	0.569	0.019	-0.024
F 统计量	21.175	0.005	36.576	1.520	0.367
D－W 统计量	2.281	1.898	1.554	1.583	1.748

注：***、**、*分别表示1%、5%、10%的显著性水平。括号内数字为标准误。

6.4.2 分布分析

绝对 β 收敛得到的只是平均意义上的结果，如果出现多重稳态和多峰收敛等非线性现象就无法揭示其真正的收敛态势。为了更加深入地了解我国全要素生产率及其构成对地区劳均收入收敛态势的影响，我们采用第 3 章介绍的 Epanechnikov 核密度函数做出全要素生产率及其构成对期初收入影响的分布图，全要素生产率及其构成对地区劳均收入的影响分别用全要素生产率及其构成增长率与期初劳均产出的乘积来表示，图 6－1 和图 6－2 分别是 1982—1992 年以及 1992—2005 年全要素生产率及其构成与劳均产出乘积的核密度分布图。

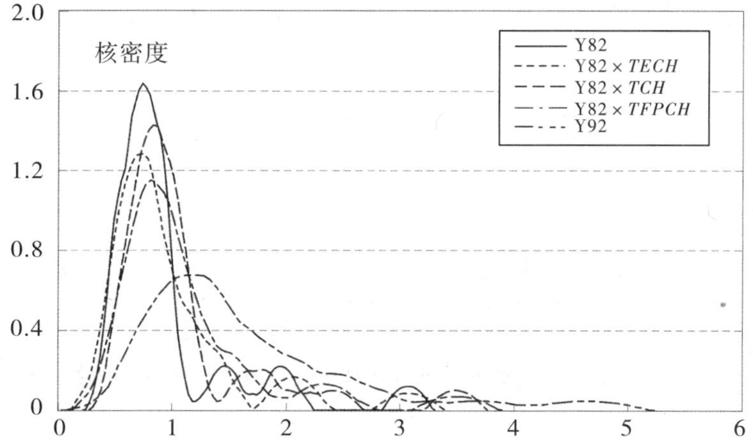

图 6－1　1982—1992 年全要素生产率及其构成与劳均产出乘积的核密度分布

由图 6－1 可见，1982 年地区劳均产出的核密度分布（Y82）呈明显的多峰分布态势，少数劳均收入较高的地区形成了三个小的波峰，而绝大多数地区则形成低劳均收入区间的主波峰。在 1982—1992 年，效率变化增长率与 1982 年劳均产出乘积的分布（Y82 × *ECH*）基本保持了 1982 年劳均产出分布的基本形状，但波峰相对于 1982 年劳均产出向高劳均收入方向有所移动，说明效率变化促进了劳均产出的增长，但影响较小。技术进步变化增长率与 1982 年劳均产出乘积的分布（Y82 × *TCH*）也表现为多峰分布，但其波峰分布相对于 1982 年劳均产出分布向前移动的趋势较为明显，说明技术进步变化对我国地区劳均收入增长有重要作用。由于全要素生产率是效率变化和技术进步变化的乘积，所以全要素生产率增长率和1982年劳均产出乘积的分布（Y82×*TFPCH*）虽然还保留多峰分布的基本特征，但低劳均收入区间的主波峰下降并向高劳均收入区间移动，较高劳均收入区间的小波峰渐趋模糊，与1992年劳均产出的分布比较相似，这一结果表明，全要素生产率是1982—1992年我国地区劳均产出增长的重要因素，但其对各地区劳均产出的促进作用比较平均，因此不是决定这一时期地区收入差距变化的主要原因。

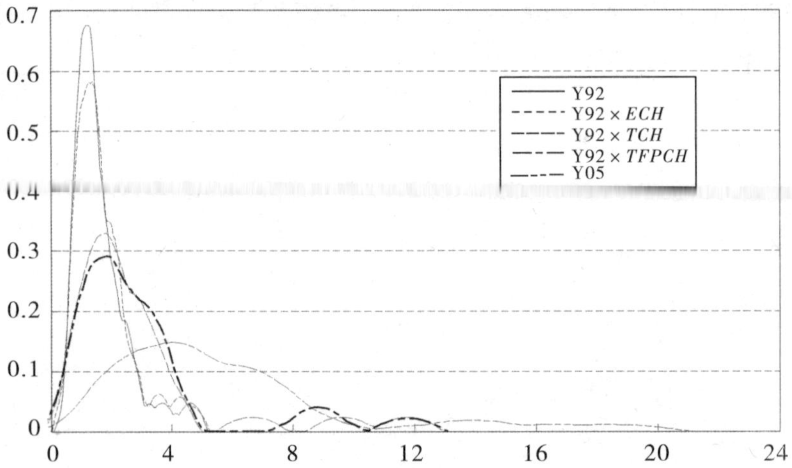

图6－2　1992—2005年全要素生产率及其构成与劳均产出乘积的核密度分布

由图6－2可见，1992年我国地区劳均产出的核密度分布（Y92）基本上呈单峰分布态势。在1992—2005年，效率变化增长率与1992年劳均产出乘积的分布（Y92×*ECH*）与1992年劳均产出的分布相比变化不大，这表明效率变化对这一时期我国地区劳均产出的影响很小。技术进步变化增长率与1992年劳均产出乘积的分布（Y92×*TCH*）为多峰分布，与1992年劳均产出分布相比，较低劳均收入区间的主峰高度显著下降并向高劳均收入区间移动，说明技术进步变化促使地区收入差距拉大。由于全要素生产率的增长主要来自技术进步变化，所以全要素生产率增长率与1992年劳均产出乘积的分布（Y92×*TFPCH*）和技术进步变化增长率与1992年劳均产出乘积的分布相似。2005年地区劳均产出的分布（Y05）和全要素生产率增长率与1992年劳均产出乘积的分布相比更加分散，低劳均收入区的主峰进一步下降并向高劳均收入方向有较大幅度移动，说明各地区劳均收入都得到了较大幅度的增长，但各地区增长速度相差很大，少数高收入地区的增长幅度远远大于多数较低收入地区，从而导致我国地区劳均产出差距拉大。上述分析说明，全要素生产率（主要是其中的技术进步变化成分）是造成这一时期地区收入差距拉大的重要因素，但其他因素（主要应该是要素投入）对地区收入差距扩大也有较大的影响。

6.5 小 结

本章采用 Malmquist 指数法将 1982—2005 年我国地区全要素生产率分解为效率变化（包括纯效率变化和规模效率变化）和技术进步变化。分析表明，我国全要素生产率增长的主要来源是技术进步变化，效率变化的贡献较小。一个值得关注的现象是，效率变化表现出某种明显的地域性特征，在 1982—1992 年，中部各地区的效率有较大幅度的下降，而在 1992—2005 年，西部各地区的效率水平出现了普遍下降。

绝对 β 收敛分析和核密度分布分析表明，全要素生产率不但是促进我国地区劳均产出增长的重要因素，还影响地区劳均收入差距的变化，但在不同时期其影响程度不同。1982—1992 年，全要素生产率及其构成对地区劳均产出差距的影响不明显，但在 1992—2005 年，全要素生产率显著地促使了地区劳均产出的发散，就其构成来说，促使地区劳均产出发散的主要是技术进步变化，效率变化的影响较小。

本章结论的理论和政策含义在于：首先，我们再次证明全要素生产率及其主要成分技术进步变化是影响我国地区经济增长的重要因素，因此要促进地区经济增长，缩小地区差距，主要还是应该依靠技术的力量。其次，虽然从全国平均来看效率变化对经济增长的影响较小，但对部分地区来说却有很大的影响，这是因为效率变化对各个地区的影响差别很大，效率变化表现出显著的地域性特征，分析这些地区效率下降的原因以降低生产的非效率是我们下一步要研究的问题。

7 全要素生产率的参数分解

7.1 引 言

改革开放以来，中国通过向市场经济的转型实现了经济的高速增长和生产率水平的快速提高，但是，渐进式的改革方式也带来了行业间和地区间要素配置的扭曲，减缓了改革过程中效率提高的速度（Brandt et al.，2011）。已经有较多文献研究了中国三次产业或工业行业结构改革（产业结构红利）对生产率提高和经济增长的影响（Fan et al.，2003；Wu & Yao，2003；Au & Henderson，2006；Bosworth & Collins，2008；Gong & Lin，2008；刘伟，张辉，2008；李小平，卢现祥，2007；干春晖，郑若谷，2009；张军等，2004；姚战琪，2009）。但很少有文献直接分析和测算地区间要素配置效率对生产率的影响问题。中国是一个大国，不同地区之间的要素禀赋差别很大，要素的跨地区流动十分复杂，地区之间的经济发展水平也存在很大的差距，这可能意味着地区要素配置效率对生产率和经济发展有比较重要的影响，即存在地区结构红利。本章的目的就是从地区要素配置效率对生产率的影响这一角度来分析要素配置的有效性问题，进而说明中国改革开放以来要素配置效率的变化趋势及其原因。

对于地区要素配置效率的研究，有一些文献从市场分割的角度来分析劳动的配置问题。例如，Yong（2000）认为渐进式改革和地方政府的寻租行为会带来地区间的市场分割和要素配置的扭曲。Zhang 和 Tan（2007）指出由于改革的深化，产品市场和劳动力市场的经济租金已经被逐步挤出，寻租行为逐渐转向资本市场。因此，需要继续深化改革以便减少资本市场上的寻租机会。Poncet（2003）发现从 1980 年到 1990 年劳动力流动的省际边界壁垒有一定程度的下降。但是更多的研究（Meng，2000；Fan et al.，2003；Knight &

Li，2005）则表明劳动力市场的地区分割仍然十分严重。户籍制度仍然是劳动力跨地区流动的主要障碍，地方保护主义和贸易壁垒也依然在阻碍着要素和产品的地区间自由流动。即使是那些进入城市的农村劳动者也面临各种各样的歧视，例如相对于本地居民，外来工作人员不得不支付较高的医疗和教育费用等。Fan 等（2003）发现 1985 年以来我国农业、城市工业、城市服务业和农村企业之间的资本边际收益是发散的，这意味着城乡之间要素配置效率的下降。Brandt 等（2011）发现省际劳动市场的扭曲并没有下降，而且农村依然存在大量的剩余劳动力，因此，他们认为增加地区间和产业间劳动力的流动是提高整体经济效率的关键因素。Liu 和 Li（2006）的研究也发现改革开放以来技术、人力资本和物质资本等生产要素对沿海和内地经济增长的贡献存在很大差别。

资本市场和银行体系的改革为我国资本配置效率的提高创造了必要的条件，对资本流动的限制也在逐渐减少。Bai 等（2006）计算了我国各省份和三次产业的资本回报率，发现地区间和产业间存在明显的资本配置扭曲，但 1978 年以后资本回报率标准差的下降意味着这种扭曲的程度在下降，即资本的配置效率在提高。但其他一些研究的结果显示我国资本配置的状况仍然不乐观，例如 Boyreau-Debray 和 Wei（2005）发现尽管我国没有正式法律限制资本跨地区流动，但我国资本的跨地区流动性仍然很低，而且政府倾向于将资本从生产率较高的地区配置到生产率较低的地区。Boyreau-Debray 和 Wei（2003）采用两种方法结合 1978—2000 年的省际面板数据检验了资本的跨地区流动性，发现我国各省区之间的资本流动性很差，远低于日本和美国国内的流动水平，仅相当于 OECD 成员国之间的水平，而且 1990 年我国资本市场的一体化程度甚至变得更差。Brandt 等（2011）测算了 1985—2007 年我国资本和劳动要素跨地区和跨产业的扭曲程度对生产率的影响，发现要素配置扭曲平均降低了 30% 的全要素生产率增长，其中，省内和省际要素配置扭曲各占一半，这意味着我国地区间的要素配置效率仍然存在很大的改善空间。Lu（2008）采用 1978—2005 年我国省际面板数据结合传统的转换份额方法（Shift-share Approach）发现省际要素配置效应对经济增长的贡献较小，而且不显著。龚六堂和谢丹阳（2004）则通过测算资本和劳动的边际生产率分析了我国各省份之间要素配置的有效性问题，并将劳动边际生产率差距扩大的原因归结为资本和劳动同时流动的结果。此外，Dollar，Wei（2007）和 Bai 等（2006）测算了资本的报酬（Return to Capital）。Zhang 和 Tan（2007）既检验了资本的报酬也检验了劳动的报酬（Return to Labor）。

整体来看，对于我国要素配置效率的研究仍然缺乏一致的结论。绝大多数的研究主要集中在对三次产业间或工业行业间要素配置效率的研究方面，对我国地区要素配置效率的直接分析很少，更是鲜有文献在要素配置中考虑人力资本的影响。本章试图分析改革开放以来我国各省份之间要素配置效率对我国全要素生产率带来的影响，并试图揭示地区要素配置效率变化的原因。研究发现，全要素生产率增长主要来自技术进步，要素配置确实对生产率增长有较大的影响，但其贡献为负值，即不存在张军等（2004）所发现的结构红利，这一结论符合我国劳动实际报酬低于其实际贡献的事实。

本章余下的部分安排如下：第二部分介绍了本章采用的全要素生产率的分解框架和随机前沿生产函数方法；第三部分是数据说明和对经验结果的分析和比较；第四部分分析要素配置效率的影响因素；第五部分是结论。

7.2 研究方法

为了对全要素生产率进行分解，我们借鉴 Kumbhakar（2000）的分解思路，首先定义如下的生产函数：

$$Y_{it}=f(X_{it},\ t)\ e^{-u_{it}} \tag{7-1}$$

这里用 Y 表示产出，下标 $i=1$，…，28 表示 28 个地区，下标 $t=1$，…，33 表示 1978—2010 年，$f(\cdot)$ 表示随机前沿生产函数，X_{it} 为投入要素向量，在本章中包括劳动（L）和资本（K）两种要素，其中劳动的计算中包含了人力资本，即劳动（L）=从业人员（l）×人力资本（H），在实证分析中将比较分析考虑和不考虑人力资本两种情况。t 是一个时间趋势变量，$u_{it}\geqslant 0$ 表示产出导向的技术非效率（Output Oriented Technical Inefficiency）。因此，技术效率 $e^{-u_{it}}$ 可以看作实际产出与生产前沿之间的比值 $Y_{it}/f(X_{it},\ t)$，其取值区间为（0, 1]。值得注意的是，这样的规定可以使技术效率随着时间而变化。对式（7-1）两边取对数并对时间 t 求一阶导数可得：

$$\frac{\partial \ln Y_{it}}{\partial t}=\frac{\partial \ln f(X_{it},\ t)}{\partial t}+\sum_{j=1}^{2}\frac{\partial \ln f(X_{it},t)}{\partial \ln X_{itj}}\frac{\partial \ln X_{itj}}{\partial t}-\frac{\partial u_{it}}{\partial t} \tag{7-2}$$

式（7－2）中右边的第一项是技术进步（TC），即生产前沿本身随时间的变化量；式（7－2）中右边第二项是要素投入变化带来的生产前沿的变化，其中 $\alpha_{itj}=\partial \ln f(X_{it}, t)/\partial \ln X_{itj}$ 表示 j 要素投入的产出弹性，式（7－2）中右边第三项是技术效率变化 $TEC_{it}=-\partial u_{it}/\partial t$。这样式（7－2）就可以进一步改写为下面的形式：

$$\dot{Y}_{it}=TC_{it}+\sum_{j=1}^{2}\alpha_{itj}\dot{X}_{itj}+TEC_{it} \tag{7-3}$$

其中，变量上面的点表示该变量的增长率，即该变量相对于时间的导数。

为了检验技术进步和技术效率变化对全要素生产率的影响，按照传统方法可以将全要素生产率定义为产出增长中没有被投入增长所解释的部分：

$$T\dot{F}P_{it}=\dot{Y}_{it}-\sum_{j=1}^{2}S_{itj}\dot{X}_{itj} \tag{7-4}$$

其中 $S_{itj}=w_{itj}X_{itj}/\sum_{j=1}^{2}w_{itj}X_{itj}$，$w_{itj}$ 是 i 地区 t 时刻要素 j 的价格，S_{itj} 表示生产要素 j 的成本在总成本中所占的比重。借鉴 Bai 等（2006）的做法，本章在计算过程中将劳动者报酬作为劳动的实际成本，由于只考虑了劳动和资本两种生产要素，因此其余部分作为资本的实际成本。将式（7－3）代入式（7－4）可以得到：

$$\begin{aligned} T\dot{F}P_{it} &= TC_{it}+TEC_{it}+(RTS_{it}-1)\sum_{j=1}^{2}\lambda_{itj}\dot{X}_{itj}+\sum_{j=1}^{2}(\lambda_{itj}-S_{itj})\dot{X}_{itj} \\ &= TC_{it}+TEC_{it}+SEC_{it}+AEC_{it} \end{aligned} \tag{7-5}$$

其中 $RTS_{it}=\sum_{j=1}^{2}\alpha_{itj}$ 是所有生产要素产出弹性之和，表示对规模报酬的度量。$\dot{\lambda}_{itj}=\alpha_{itj}/RTS_{it}$ 表示第 j 种生产要素的边际产出份额，在规模报酬不变的假设下等于其产出弹性。式（7－5）右边第一项（TC_{it}）和第二项（TEC_{it}）分别表示地区技术进步和技术效率变化对全要素生产率增长的贡献，如果不存在技术非效率或技术效率不随时间变化，那么第二项就为零，标志着技术效率变化不会影响全要素生产率增长。右边第三项（SEC_{it}）捕捉了规模报酬可变假设下规模报酬变化对全要素生产率增长的贡献，如果规模报酬不变，则该项也为零。

Kumbhakar（2000）认为式（7－5）最后一项（AEC_{it}）度量的是生产要素的实际价格偏离其边际产出价值所带来的要素配置非效率，在完全竞争的条件下，要素的实际价格等于其边际产出价值，则意味着该项为零。由于本章只考虑资本和劳动两种生产要素，如果对最后一项做适当的数学变换，即改写为（$S_{itL}-\lambda_{itL}$）（$\dot{K}_{it}-\dot{L}_{it}$），劳动的实际成本份额与最优产出份额之间的差值（$S_{itL}-\lambda_{itL}$）表示劳动要素的价格扭曲，而资本增长速度与劳动增长速度之差（$\dot{K}_{it}-\dot{L}_{it}$）表示生产中要素密集度的消长变化。一般来说，资本的增长速度都高于劳动的增长速度，即（$\dot{K}_{it}-\dot{L}_{it}$）大于零，那么要素配置效率项的符号主要取决于（$S_{itL}-\lambda_{itL}$），即劳动要素的价格扭曲，如果劳动的实际成本份额大于最优产出份额时为正值，否则为负值。基于两种生产要素对等的原则，（$S_{itL}-\lambda_{itL}$）（$\dot{K}_{it}-\dot{L}_{it}$）还意味着当某种生产要素的实际成本份额低于其最优产出份额时，如果增加该生产要素的使用，即该生产要素增长率大于其他生产要素，则要素配置效率为正值，否则为负值。这样，通过式（7－5）就可以将全要素生产率增长分解为技术进步、技术效率变化、规模效应和要素配置效率等部分。

生产率变化的组成部分可以通过随机前沿生产函数法来估计，为了得到随地区和时间变化的参数估计量，具有比较灵活的超越对数形式的随机前沿生产函数显然是最佳的选择，其具体形式设定如下：

$$\ln Y_{it}=\beta_0+\beta_1 t+\frac{1}{2}\beta_{tt}t^2+\beta_K\ln K_{it}+\beta_L\ln L_{it}+\frac{1}{2}\beta_{KK}(\ln K_{it})^2+\frac{1}{2}\beta_{LL}(\ln L_{it})^2+\beta_{KL}\ln K_{it}\ln L_{it}+\beta_{tK}t\ln K_{it}+\beta_{tL}t\ln L_{it}+\varepsilon_{it}-u_{it} \tag{7-6}$$

其中，ε_{it} 是服从独立同分布 N（0，$\sigma_\varepsilon{}^2$）的随机干扰项。与 Battese、Coelli（1992）以及 Kumbhakar（2000）等的研究方法相同，技术效率变化采用如下定义：

$$u_{it}=u_i e^{-\eta t} \tag{7-7}$$

式（7－6）和（7－7）中的所有 β 和 η 都是模型待估计的参数。在估计出上述参数后就可以分别计算出资本和劳动的产出弹性、技术进步和技术效率变化等，计算公式如下：

$$\alpha_{itK} = \beta_K + \beta_{KK}(\ln K_{it}) + \beta_{KL}\ln L_{it} + \beta_{tK}t \tag{7-8}$$

$$\alpha_{itL} = \beta_L + \beta_{LL}(\ln L_{it}) + \beta_{KL}\ln K_{it} + \beta_{tL}t \tag{7-9}$$

$$TC_{it} = \beta_t + \beta_{tt}t + \beta_{tL}\ln L_{it} + \beta_{tK}\ln K_{it} \tag{7-10}$$

$$TE_{it} = e^{-u_{it}} \tag{7-11}$$

利用上述公式就可以很方便地进一步计算出式（7－5）中的各个成分。

7.3 数据说明及实证结果分析

7.3.1 数据说明

本章的数据包括了1978—2010年28个省、直辖市和自治区的面板数据（其中，西藏的数据缺失，海南省的数据并入广东省，重庆市的数据并入四川省）。为了便于分析，本章按照传统的地区划分方法将中国各省区划分为东、中、西部三大地区，其中东部地区包括北京、天津、河北、辽宁、上海、江苏、浙江、福建、山东、广东10个省市；中部地区包括山西、内蒙古、吉林、黑龙江、安徽、江西、河南、湖北、湖南9个省区；西部地区包括广西、四川、贵州、云南、陕西、甘肃、青海、宁夏、新疆9个省区。

（1）产出和从业人员数据。

GDP数据和劳动数据主要来自《新中国60年统计资料汇编》和各年度的《中国统计年鉴》。由于我国没有劳动时间的统计数据，因此我们用各个省区的实际从业人员数据来代替。名义国内生产总值采用各个省的国内生产总值平减指数折算为1978年不变价，每个省的平减指数采用名义GDP和实际GDP增长速度来推算。

（2）资本存量。

资本存量数据我们采用了单豪杰（2008）的数据，这一数据吸收了现有资本存量数据估算的经验，在采用国家统计局基于经济普查和年度修订出版的最新数据资料（主要包括《中国国内生产总值核算历史资料1952—1995》

和《中国国内生产总值核算历史资料 1952—2004》等）基础上，重新计算了物质资本存量估算过程中的四个核心指标：基期资本存量、当年投资数据、折旧率和投资品价格指数，其计算过程和结果也更加合理可靠。由于该数据截至 2006 年，故 2006 年以后的数据由笔者按照相同的方法加以补齐。

（3）人力资本。

人力资本采用 Henderson 等（2007）的计算方法，通过 Mincer 函数和劳均受教育年限数据计算，计算公式如下：

$$H_{it} = e^{f(x)} = e^{\frac{\theta}{1-\rho} \cdot x_{it}^{1-\rho}} \tag{7-12}$$

其中，x 表示劳均受教育年限，ρ 的取值决定了 Mincer 函数的弯曲度，按照 Bils 和 Klenow（2000）对包括我国在内的 56 个国家的估计，ρ 取 0.57，θ 取 0.32。劳均受教育年限数据来自各年度《中国人口统计年鉴》和《中国劳动统计年鉴》。各教育层次受教育年限分别定为未上过学 1.5 年，小学 6 年，初中 3 年，高中 3 年，大学 3.5 年（大专及以上）。

（4）生产要素的成本份额。

我国相关统计资料中提供了各省份当年劳动者报酬和固定资产折旧的数据，《中国国内生产总值核算历史资料 1952—1995》和《中国国内生产总值核算历史资料 1952—2004》提供了 1978—2004 年劳动者报酬的数据，由于《中国统计年鉴》没有公布 2008 年以收入法计算的劳动者报酬数据，因此采用插值法加以补齐，其他年度的劳动者报酬数据均来自各年度的《中国统计年鉴》。值得指出的是，在我国官方的劳动者报酬的统计中包括了工资收入和非工资收入等部分，这种统计方法增加了劳动者报酬的准确程度（Bai et al.，2006）。在上述数据的基础上，再结合当年 GDP 数值就可以计算出劳动者报酬和资本报酬各自的份额。

7.3.2 经验结果分析

（1）随机前沿超越对数生产函数的估计结果分析。

式（7-6）和（7-7）所规定的随机前沿超越对数生产函数的极大似然估计结果见表 7-1，在考虑人力资本的情况下，10 个要估计的参数中，有 9 个在至少 1% 的水平上显著，而在不考虑人力资本的情况下，10 个要估计的参数中，有8个至少在1%的水平上显著。两个模型的方差比 γ 值分别高0.905 7和0.929 4，说明模型具有很好的解释力，较大的对数似然函数值（分别为666.63和676.29）和单侧LR检验值（分别为1 200和1 350.7）表明模型的整体显著性水平也较好。因此，在后面的全要素生产率分解中，将以上述两个模型为基础。

表7－1　随机前沿超越对数生产函数估计结果

	考虑人力资本			不考虑人力资本		
解释变量	系数	标准差	t 值	系数	标准差	t 值
β_0	－5.628 7***	1.357 5	－4.146 4	3.013 7*	1.907	1.580 3
β_t	－0.037 0*	0.025 4	－1.457 4	0.048 6**	0.021 6	2.245 4
β_{tt}	－0.001 3***	0.000 5	－2.522 6	－0.001 2***	0.000 5	－2.477 8
β_K	0.677 9***	0.181 6	3.732 3	0.256 8**	0.149 6	1.716 4
β_L	1.400 8***	0.277 6	5.045 9	－0.315 5	0.479	－0.658 8
β_{KK}	－0.144 8***	0.035 7	－4.059 1	－0.125 6***	0.029 8	－4.209 1
β_{LL}	－0.120 0***	0.035 7	－3.361 2	0.069 2	0.066 5	1.039 5
β_{KL}	0.036 9*	0.028 3	1.306 2	0.091 1***	0.025 3	3.599 1
β_{tK}	0.016 8***	0.004 0	4.170 1	0.015 0***	0.003 6	4.196 1
β_{tL}	－0.000 6	0.003 4	－0.166 0	－0.011 6***	0.003 6	－3.230 4
总体方差 σ^2	0.125 3	0.019 6	6.398 1	0.161 2	0.013 6	11.868
方差比 γ	0.905 7	0.016 5	54.906 9	0.929 4	0.007 5	124.529 6
μ	0.673 8	0.099 0	6.804 8	0.774	0.094 5	8.189 9
η	－0.010 4	0.001 6	－6.660 6	0.000 4	0.002 1	0.200 6
对数似然函数值	666.63				676.29	
单侧LR检验值	1 200.0				1 350.7	

注：表中***、**、*分别表示1%、5%和10%的显著性水平。

（2）全要素生产率分解结果分析。

表7－2和表7－3报告了考虑和不考虑人力资本两种情况下按照式

(7-5)进行全要素生产率分解得到的结果。从分解结果来看，考虑人力资本和不考虑人力资本情况下的回归结果除了两处较小的差异外，其他方面都比较相似。第一个差异是在考虑人力资本的情况下，技术效率变化率为负值，即存在技术效率的下降，而在不考虑人力资本时为正值，但技术效率本身变化幅度不大，对全要素生产率影响很小；第二个差异是在考虑人力资本后规模报酬下降的程度要大一些，因此，考虑人力资本后的全要素生产率要略小于不考虑人力资本的情况。为了简化，本章将主要分析考虑人力资本的情况，如果不特别说明，均指考虑人力资本。在1978—2010年，考虑人力资本情况下我国全要素生产率年平均增长速度为2.2%，占同期经济增长的20.0%。如果我们将整个研究时期分为三个子时期：第一时期（1978—1989）、第二时期（1990—1999）和第三时期（2000—2010），则三个时期的年平均增长率分别为2.0%、2.5%和2.0%。就地区来看，西部地区的增长率最高，年平均增长2.8%，其次是中部地区，为2.1%，东部地区最低为1.4%。从图7-1可见，2002年之后三大地区全要素生产率均出现了非常明显的下滑和波动。此外，与中西部地区相比，东部地区的全要素生产率增长率波动幅度很大，这主要与要素配置效率的波动有关，我们将在后面做详细解释。

表7-2 1978—2010年我国各时期全要素生产率分解结果

		TC	*TEC*	*SEC*	*AECK*	*AECL*	*AEC*	*TFP*
考虑人力资本	1978—1989	0.040	-0.003	-0.009	-0.012	0.003	-0.009	0.020
		200.2	-14.8	-43.0	-58.0	15.5	-42.5	
	1990—1999	0.045	-0.003	-0.007	-0.011	0.002	-0.010	0.025
		179.5	-12.4	-29.2	-44.0	6.1	-37.9	
	2000—2010	0.053	-0.003	-0.007	-0.026	0.003	-0.023	0.020
		265.3	-16.0	-33.9	-128.7	13.3	-115.3	
	1978—2010	0.046	-0.003	-0.008	-0.016	0.002	-0.014	0.022
		212.2	-14.2	-34.9	-74.3	11.2	-63.1	

（续上表）

		TC	TEC	SEC	AECK	AECL	AEC	TFP
不考虑人力资本	1978—1989	0.039	0	-0.004	-0.014	0.003	-0.011	0.024
		165.7	0.6	-18.5	-60.3	12.4	-47.9	
	1990—1999	0.040	0	-0.002	-0.013	0.001	-0.012	0.027
		150.5	0.5	-5.7	-49.2	3.8	-45.4	
	2000—2010	0.046	0	-0.002	-0.026	0.003	-0.023	0.021
		222.0	0.7	-11.9	-123.1	12.3	-110.8	
	1978—2010	0.042	0	-0.003	-0.017	0.002	-0.015	0.024
		175.8	0.6	-12.2	-73.6	9.4	-64.2	

注：表中各时期第一行代表年平均增长率，第二行代表各分解成分对全要素生产率的贡献。此外，表中的 $AECL_{it}=(\lambda_{itL}-S_{itL})\dot{L}$ 为劳动配置效率，$AECK_{it}=(\lambda_{itK}-S_{itK})\dot{K}$ 为资本配置效率。下同。

表 7-3　1978—2010 年中国三大地区全要素生产率分解结果

		TC	TEC	SEC	AECK	AECL	AEC	TFP
考虑人力资本	东部	0.055	-0.0023	-0.013	-0.032	0.006	-0.027	0.014
		398.5	-16.3	-93.3	-232.6	40.2	-192.4	
	中部	0.041	-0.0031	-0.008	-0.010	0.001	-0.009	0.021
		189.0	-14.4	-37.4	-46.2	4.2	-42.0	
	西部	0.036	-0.0037	-0.001	-0.005	0.001	-0.004	0.028
		128.4	-13.1	-2.1	-16.7	2.0	-14.7	
不考虑人力资本	东部	0.049	0.0001	-0.002	-0.035	0.005	-0.031	0.016
		304.0	0.8	-14.9	-220.8	31.0	-189.8	
	中部	0.035	0	-0.001	-0.013	0.002	-0.011	0.023
		152.6	0.6	-3.5	-56.2	6.6	-49.6	
	西部	0.037	0.0002	-0.005	-0.002	0	-0.002	0.029
		126.7	0.5	-18.7	-8.5	0	-8.5	

注：表中三大地区第一行代表年平均增长率，第二行代表各分解成分对全要素生产率的贡献。

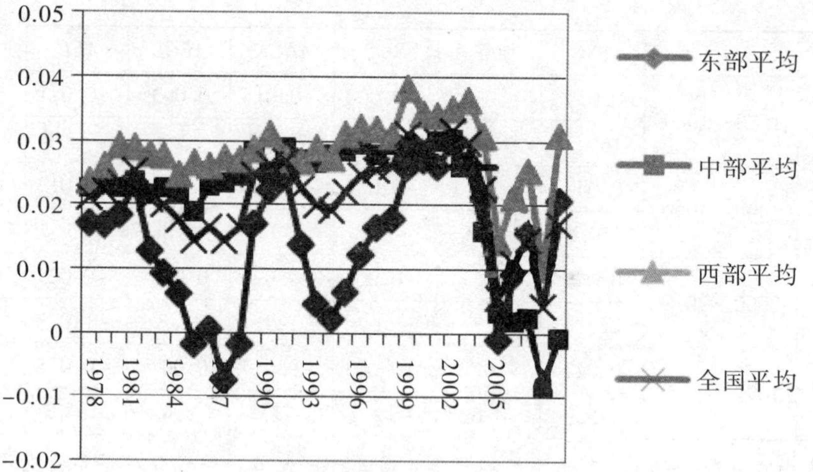

图 7－1 三大地区全要素生产率变化趋势

技术进步（*TC*）即生产前沿的移动是全要素生产率增长最主要的来源，在所研究的样本时期，年平均增长速度为4.6%。技术进步速度随着改革开放的持续深化而呈现逐步增长的态势（图7－2），从三个子时期来看年平均增长速度分别为4.0%、4.5%和5.3%。分地区来看，东部地区的技术进步速度最快，年均增长5.5%，中部地区和西部地区分别增长4.1%和3.6%，三大地区技术进步由东向西呈现阶梯状递减的趋势。我国是一个发展中国家，技术进步主要来自国际技术外溢，因此技术进步与对外开放程度密切相关，技术进步的时间和空间分布再次证明了对外开放的重要性。技术效率变化（*TEC*）对全要素生产率增长的贡献虽然在各个时期均为负值，但所占比重较小，平均只有14.2%，且变化幅度不大，因此对全要素生产率及其变化趋势的影响都较小。

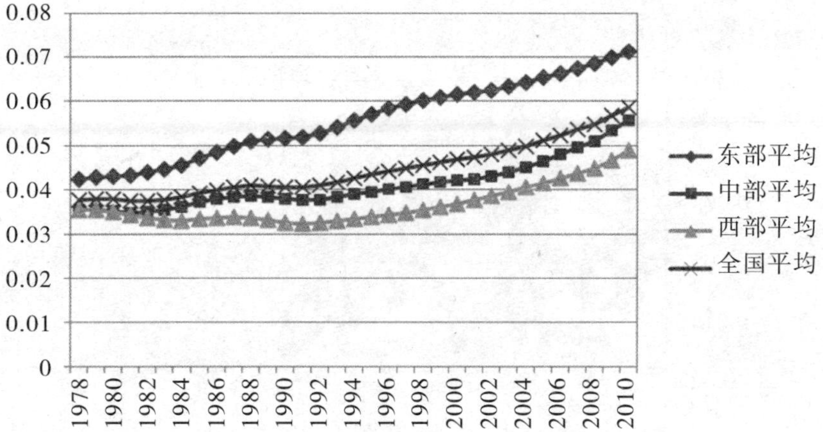

图7－2　三大地区技术进步变化趋势

规模报酬（*SEC*）度量的是投入变化对产出增长的影响，在规模报酬不变的假设下为零，大于零则表示规模报酬递增，小于零则表示规模报酬递减。计算得到的整个研究时期规模报酬的年平均增长率为－0.8%，略小于零，说明存在一定的规模报酬递减。从时间趋势来看，三大地区除了西部地区在少数年份出现了规模报酬递增的现象之外，均出现了规模报酬递减的现象（见图7－3）。与此相对应，全国各个年度的规模报酬增长率也均为负值，说明我国规模报酬递减是一个长期的趋势，且这一趋势在近年来有加速的迹象。李胜文和李大胜（2008）以及张军等（2004）对工业行业的研究也发现存在规模报酬递减现象，这是由于工业产出在我国经济总产出中占据主导地位，本章的结果和对工业行业规模报酬的研究结果是基本一致的。规模报酬递减主要和要素自由配置受阻和无法达到最优投入组合有关。就三大地区来看，东部地区的规模报酬年均下降最大，为1.3%；其次是中部地区，为0.8%，西部地区下降幅度最小，只有0.1%。由此可见，随着我国经济规模的扩大，规模报酬会有所下降。

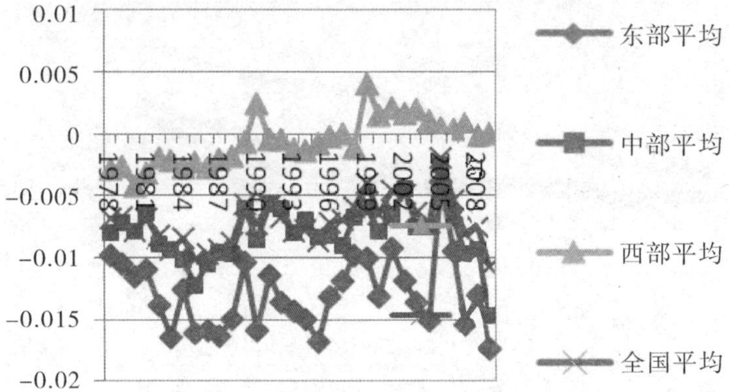

图 7-3　三大地区规模报酬变化趋势

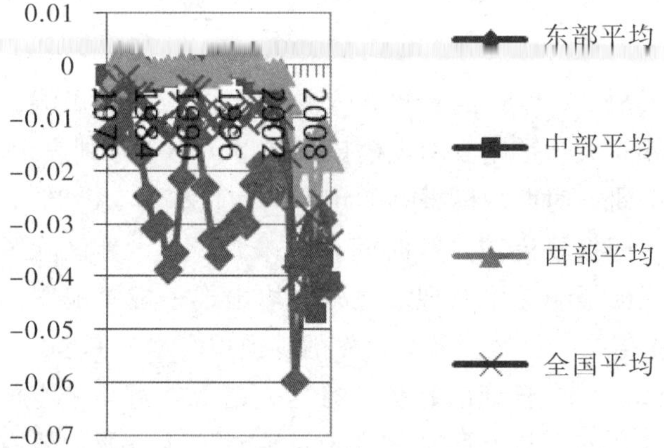

图 7-4　三大地区要素配置效率变化趋势

在要素配置效率方面，劳动配置效率（*AECL*）的贡献在绝大多数时期都为正值，平均而言，1978—2010 年劳动配置效率年均增长 0.2%，对全要素生产率增长的贡献为 11.2%。与此相对应，资本配置效率（*AECK*）的贡献绝大多数时期为负值，资本配置效率年平均增长率为 -1.6%，其对全要素生产率增长的平均贡献为 -74.3%，由于资本配置效率的绝对值远大于劳动配置效率，因此总体要素配置效率（*AEC*）的贡献主要由资本的配置效率决定，总体要素配置效率的贡献为 -63.1%，这意味着如果消除要素配置的非效率，我国全要素生产率增长率将增加一半以上，可见我国总体要素配置的非效率确实存在，且主要来自资本配置的非效率。本书的分解结果与张军等（2004）对中国工业行业的研究结果相反，但与郭克莎（1992）和姚战琪（2009）等的结果一致，即劳动的配置效率要高于资本的配置效率。Hsieh 和 Klenow（2009）采用中国和印度企业层面的数据也发现劳动要素配置的扭曲程度要小于资本要素。Kim 和 Han（2001）采用与本章相同的方法对韩国工业行业进行的研究也发现要素配置效率对全要素生产率的贡献为负值，且来自资本要素配置的非效率，并将要素配置扭曲的原因归结于韩国政府在经济发展过程中的强力政策干预。Dessus 等（1995）对中国台湾地区的研究以及 Akkemic（2005）对新加坡的研究同样表明劳动配置效率要高于资本配置效率。由此可见，资本配置效率低是东亚国家一个普遍的经济现象，这可能与东亚国家经济增长的模式有关。

从时间趋势来看，我国要素配置效率不但没有改善，而且呈现恶化的倾向，第一时期年平均增长为 -0.9%，第二时期为 -1%，第三时期显著恶化，年平均增长为 -2.3%，从图 7-4 可以看出 2002 年以来要素配置效率的显著恶化。这一趋势也可以从要素配置效率分布图（图 7-5）很清楚地看出来，2000 年之前只有北京等少数地区的要素配置效率小于 -3%，但 2010 年大多数东部和中部地区的要素配置效率小于 -3%。第三时期的要素配置效率恶化一方面与近年来资本增长速度过快，劳动力增长速度下降有很大关系；另一方面也与要素价格扭曲加重密切相关。

就三大地区来看，东部地区的劳动配置效率年平均增长 0.6%，中部和西部地区相同，都增长 0.1%。与此相对应，东部地区资本配置的效率下降最大，为 -3.2%，其次是中部地区，为 -1.0%，西部地区为 -0.5%。东、中、西部三大地区总的要素配置效率年平均增长率分别为 -2.7%、-0.9% 和 -0.4%。从图 7-5 可以发现要素配置效率分布的两个特征，一是要素配置效率的地区集聚效应，即要素配置效率变化相似的地区往往聚集在一起；二是近年来东部和中部地区要素配置效率的急剧恶化。

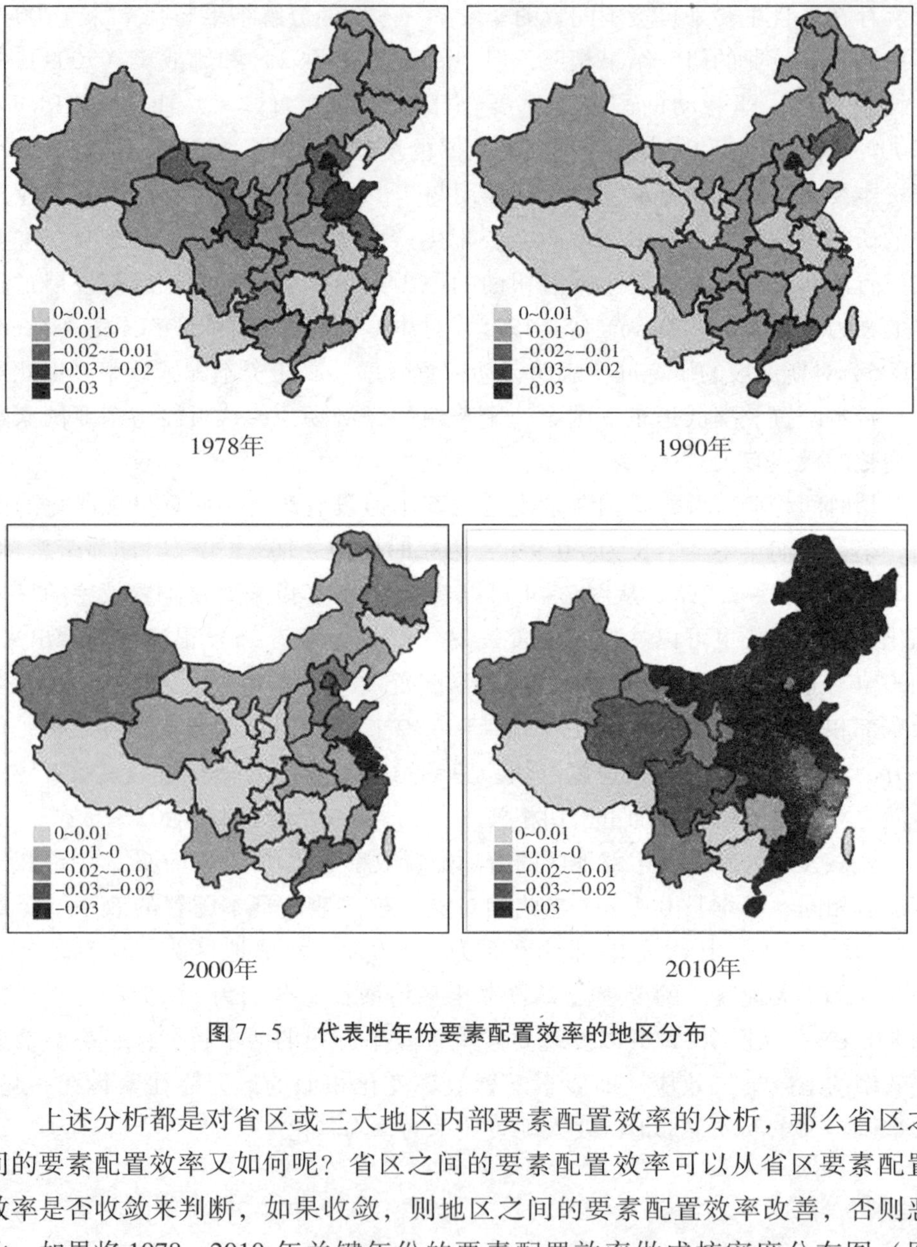

图 7－5　代表性年份要素配置效率的地区分布

上述分析都是对省区或三大地区内部要素配置效率的分析，那么省区之间的要素配置效率又如何呢？省区之间的要素配置效率可以从省区要素配置效率是否收敛来判断，如果收敛，则地区之间的要素配置效率改善，否则恶化。如果将 1978—2010 年关键年份的要素配置效率做成核密度分布图（图 7－6），可以发现 1978—2010 年省区要素配置效率从多峰收敛向单峰收敛演变，且峰顶向低要素配置效率端移动，这与前面要素配置效率恶化的分析结果是一致的。同时地区要素配置效率分布呈现显著的发散趋势，表明地区之间的要素配置效率差异扩大，即地区间要素配置效率也在恶化。从图 7 – 6 可以更加清晰地看出这一演变过程。

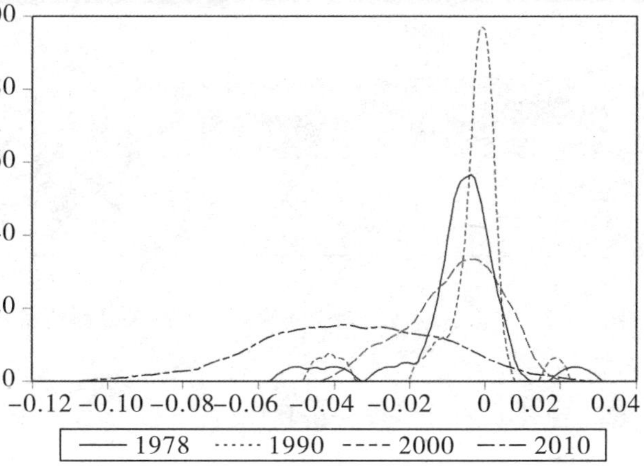

图 7 – 6　关键年份的地区要素配置效率（*AEC*）核密度分布

为了分析各主要分解成分对全要素生产率增长变化趋势的影响，我们将分解结果做成图 7 – 7，由于技术效率和规模报酬对全要素生产率增长的影响较小，所以没有包括进来。从图 7 – 7 所示的演变趋势来看，全要素生产率的变化趋势与要素配置效率中资本配置效率的变化趋势最为相似，说明资本配置效率对全要素生产率的变化趋势起主要的作用，而技术进步和劳动配置效率的影响相对比较稳定。如果利用式（7 – 5）对全要素生产率的变化进行类似 Klenow 和 Rodriguez-Clare（1997）的方差分解方法，分解结果表明各分解成分所解释的全要素生产率变化的百分比分别为：资本配置效率的变化解释了 106. 1%；技术进步解释了 – 20. 1%；规模报酬解释了 7. 0%；劳动配置效率解释了 6. 9%；技术效率变化的影响很小，可以忽略不计。可见要素配置效率特别是资本配置效率确实是决定全要素生产率变化趋势的重要因素。

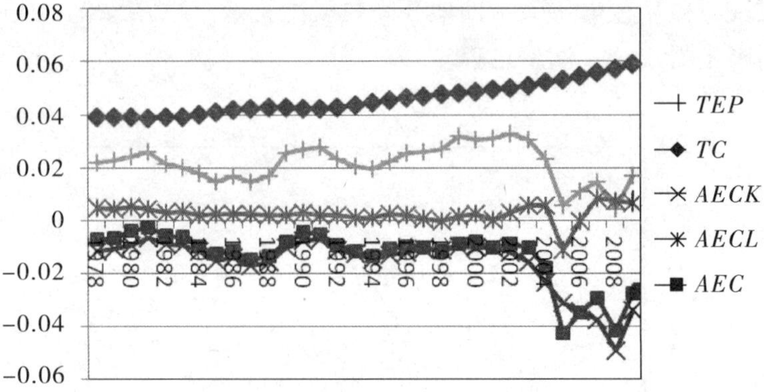

图 7－7　主要分解成分对全要素生产率增长趋势的影响

(3) 对要素配置效率的进一步分析和比较。

如前所述，要素配置效率的符号取决于生产要素的最优产出份额与实际成本份额之差（$\lambda_{itj}-S_{itj}$），由于要素的最优产出份额是通过回归方法得到的，而要素实际成本份额则是通过相关的统计数据计算出来的，这样计算方法差异可能会对结果产生重要的影响。例如张军等（2004）也采用相同的分解方法对我国 1980—2006 年 38 个工业行业的要素配置效率做了研究，与本章不同的是，张军等（2004）将折旧作为资本要素的实际成本。按照《中国统计年鉴》的计算方法，工业增加值或国内生产总值按照要素收入方法包括劳动者报酬、固定资产折旧、税收和营业盈余四个部分，张军等（2004）的研究直接采用折旧作为资本的实际成本，这种处理方法可能会低估资本的实际成本。为了便于表述，我们将本章采用的方法作为方法一，张军等（2004）的方法作为方法二。由于张军等（2004）对劳动者报酬及折旧数据的来源没有做详细的说明，且对我国 1994 和 2002 年行业分类调整对数据构造的影响进行解释，因此我们无法得到张军等（2004）的数据，只能就地区之间的数据加以说明，考虑到工业产出在我国总产出中占据重要的份额，因此工业数据与地区数据之间在要素配置方面应该具有较大的相关性和对应性。

表 7－4 是对按照方法一和方法二计算得到的劳动和资本的实际成本份额以及本章通过估计得到的劳动和资本的最优产出份额的比较。可以发现很明显的差异，方法一计算得到的资本的实际成本份额要大于采用方法二所计算的数值，就所研究的样本时期平均来看，本章按方法一计算得到的劳动实际

成本份额为0.49，而按照方法二得到的是0.8。由于劳动的最优收入份额值为0.61左右，从式（7-6）可以看出这是造成本章估算的要素配置效率与张军等（2004）的研究结果不同的原因。此外，考虑人力资本情况下估计的劳动的最优产出份额略小于不考虑人力资本的情况，两者分别为0.61和0.63，前者更接近比较常用的0.4的资本收入份额值。

图7-8是劳动要素投入的实际成本份额与最优产出份额之差（$S_L-\lambda_L$）以及资本增长率与劳动增长率之差（$\dot{K}-\dot{L}$）的变化趋势。改革开放前期，劳动要素的实际成本份额上升，对应的资本成本份额下降，这一变化表明了生产模式从资本密集型向劳动密集型生产方式的转化，同时期资本增长率与劳动增长率之差的下降也证实了这一点。与此同时，劳动要素的最优产出份额缓慢下降，资本要素的最优产出份额上升，这一消长变化表明要素价格扭曲程度的下降，上述趋势从图7-8可以看出来。1982—2000年，除了个别年份（主要是1990年）外，绝大多数年份的要素价格扭曲程度基本都稳定在同一水平。2002年以后这一平衡逐渐打破，劳动实际成本份额急剧下降，2006年下降到改革开放以来最低的40%，而其最优投入份额缓慢上升，2010年达到改革以来的最高值65%，这一实际成本份额与最优产出份额的背离导致要素价格扭曲程度的快速恶化，而同时期资本增长率与劳动增长率之差（$\dot{K}-\dot{L}$）的提高则加剧了这一结果。

表7-4　采用不同方法计算得到的要素实际成本份额及最优份额比较

	方法一		方法二		不考虑人力资本		考虑人力资本	
年份	S_L	S_K	S_L	S_K	λ_L	λ_K	λ_L	λ_K
1978	0.49	0.51	0.84	0.16	0.67	0.33	0.65	0.35
1979	0.51	0.49	0.84	0.16	0.67	0.33	0.64	0.36
1980	0.51	0.49	0.82	0.18	0.66	0.34	0.64	0.36
1981	0.52	0.48	0.84	0.16	0.65	0.35	0.63	0.37
1982	0.53	0.47	0.84	0.16	0.65	0.35	0.62	0.38
1983	0.53	0.47	0.84	0.16	0.64	0.36	0.62	0.38
1984	0.53	0.47	0.84	0.16	0.64	0.36	0.61	0.39
1985	0.53	0.47	0.84	0.16	0.64	0.36	0.62	0.38

（续上表）

	方法一		方法二		不考虑人力资本		考虑人力资本	
年份	S_L	S_K	S_L	S_K	λ_L	λ_K	λ_L	λ_K
1986	0.52	0.48	0.83	0.17	0.64	0.36	0.62	0.38
1987	0.52	0.48	0.83	0.17	0.64	0.36	0.62	0.38
1988	0.51	0.49	0.83	0.17	0.64	0.36	0.62	0.38
1989	0.51	0.49	0.82	0.18	0.63	0.37	0.61	0.39
1990	0.53	0.47	0.82	0.18	0.62	0.38	0.60	0.40
1991	0.52	0.48	0.81	0.19	0.62	0.38	0.59	0.41
1992	0.50	0.50	0.80	0.20	0.61	0.39	0.59	0.41
1993	0.50	0.50	0.78	0.22	0.61	0.39	0.59	0.41
1994	0.50	0.50	0.78	0.22	0.61	0.39	0.60	0.40
1995	0.51	0.49	0.80	0.20	0.62	0.38	0.60	0.40
1996	0.51	0.49	0.80	0.20	0.62	0.38	0.60	0.40
1997	0.51	0.49	0.80	0.20	0.61	0.39	0.60	0.40
1998	0.51	0.49	0.79	0.21	0.62	0.38	0.60	0.40
1999	0.50	0.50	0.79	0.21	0.61	0.39	0.61	0.39
2000	0.49	0.51	0.78	0.22	0.61	0.39	0.60	0.40
2001	0.49	0.51	0.78	0.22	0.61	0.39	0.60	0.40
2002	0.49	0.51	0.78	0.22	0.61	0.39	0.60	0.40
2003	0.47	0.53	0.77	0.23	0.61	0.39	0.60	0.40
2004	0.43	0.57	0.75	0.25	0.61	0.39	0.61	0.39
2005	0.41	0.59	0.74	0.26	0.62	0.38	0.62	0.38
2006	0.41	0.59	0.74	0.26	0.62	0.38	0.62	0.38
2007	0.40	0.60	0.74	0.26	0.62	0.38	0.63	0.37
2008	0.43	0.57	0.76	0.24	0.63	0.37	0.63	0.37
2009	0.47	0.53	0.78	0.22	0.64	0.36	0.64	0.36
2010	0.45	0.55	0.78	0.22	0.64	0.36	0.65	0.35
平均	0.49	0.51	0.80	0.20	0.63	0.37	0.61	0.39

注：表中数据为各省区平均值。

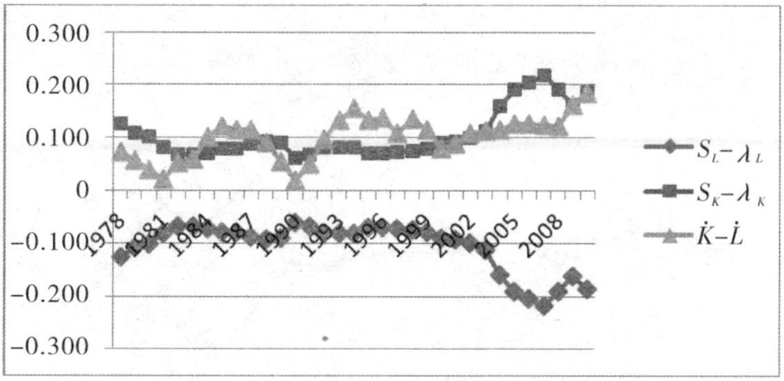

图 7－8　我国地区要素价格扭曲变化的时间趋势

图 7－9 是东、中、西部三大地区劳动要素实际成本份额与最优产出份额之差的变化趋势，可以发现三大地区中，中、西部地区的要素价格扭曲程度要远远低于东部地区。我们知道东部地区是我国经济市场化较为发达的地区，为什么其要素价格扭曲程度反而高于中、西部地区呢？这主要与我国劳动力在收入分配过程中的弱势地位有关，由于工会在劳资谈判中的功能缺位以及劳动力市场的过度竞争，越是市场化的地方，劳动报酬的份额反而会越低，白重恩等（2008）的研究也发现，国有企业的劳动收入份额明显高于非国有企业，各类经济性质企业的资本收入份额从低到高依次为外商投资企业、港澳台企业、法人投资企业、集体企业、私有企业和国有企业。可见，片面的市场化本身并不能消除要素价格扭曲，劳动保护和工会等组织功能的健全是提高要素配置效率的必要条件。图 7－10 是三大地区资本增长率与劳动增长率之差的变化趋势，2000 年之前，东部地区的资本增长率与劳动增长率之差要高于中部和西部地区，但 2002 年之后，由于受西部大开发政策和中部崛起政策的影响，中部和西部的资本增长率与劳动增长率之差开始超过东部。不过总体来看，三大地区基本表现出相似的变化趋势，即震荡上升，意味着各地区生产中资本密集度的逐步提高。

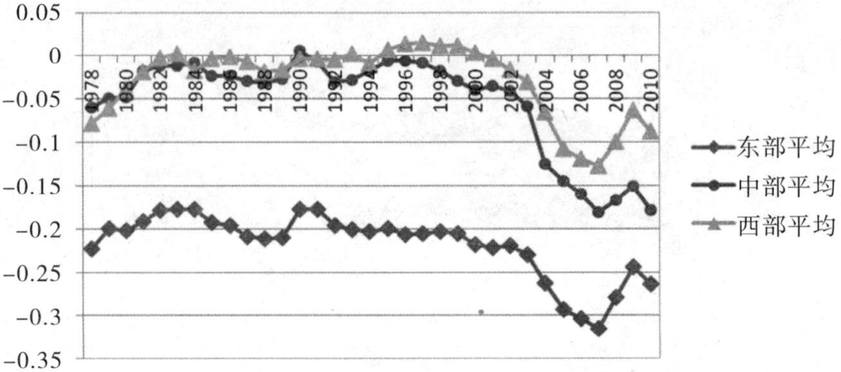

图 7－9　三大地区劳动实际成本份额与最优份额之差

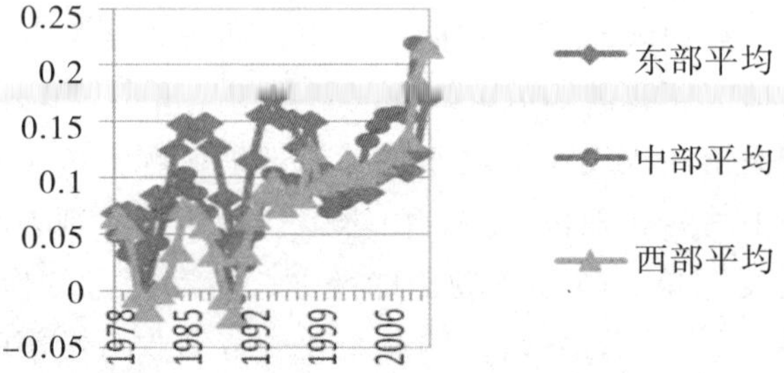

图 7－10　三大地区资本增长率与劳动增长率之差

图 7－11 是关键年份各省区劳动要素实际成本份额与最优产出份额之差（$S_L-\lambda_L$）的核密度分布。1978—2010 年，虽然（$S_L-\lambda_L$）经历了由双峰收敛到单峰收敛的转变，但并没有表现出明显的收敛或发散趋势，表明省区之间的要素价格扭曲差异并没有发生十分显著的变化，即省区间要素价格扭曲变化不大。比较图 7－6 和图 7－11，与省区内要素配置效率不同，省区间要素配置效率恶化的主要原因是资本增长率和劳动增长率之差的变化差异，即地区生产方式中要素密集度的变化。

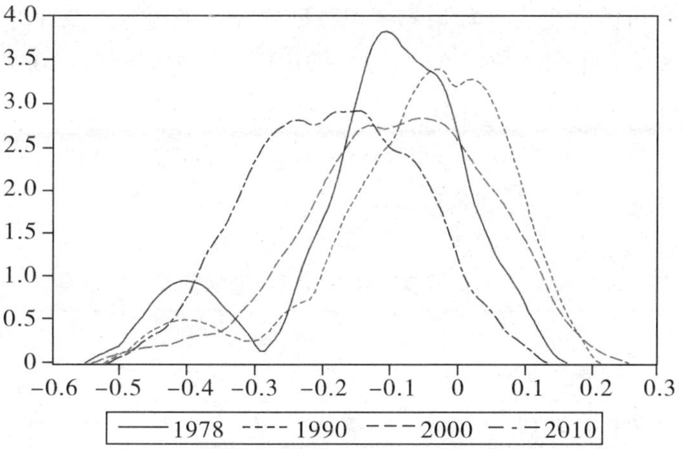

图 7－11　劳动要素实际成本份额与最优产出份额之差分布图

表 7－5 是分别按照方法一和方法二计算得到的要素配置效率。两种方法计算得到的结果完全相反，方法一得到的资本要素配置效率全部为负值，而方法二得到的都是正值，受此影响，总体要素配置效率（*AEC*）的符号也完全相反。如前所述，要素配置效率项可以改写为（$S_{itL}-\lambda_{itL}$）（$\dot{K}_{it}-\dot{L}_{it}$），意味着在我国资本增长率一直都大于劳动增长率的条件下，该项的符号主要由劳动要素实际成本份额与最优产出份额之差（$S_{itL}-\lambda_{itL}$）决定。由于我国工会在劳动保护方面作用有限，资本在收入分配中一直都处于强势地位，所以一直以来劳动要素实际成本份额低于其最优产出份额（即劳动的价格低于其最优价格）是一个普遍现象，要素配置效率为负是我国为保持低劳动力成本优势而产生的必然结果。许多学者的研究都发现我国劳动报酬的份额偏低，例如白重恩和钱震杰（2009）发现 1992—2005 年我国劳动报酬占比介于 0.503 ~0.546 之间。郑志国（2008）发现 20 世纪 90 年代中期以来，企业利润侵蚀劳动报酬的问题日益突出，导致初次分配中劳动报酬份额下降，劳动收入与其贡献逆向偏离。肖红叶和郝枫（2009）通过国际比较也发现，我国初次分配中劳动的份额不但低于发达国家，而且低于发展中国家的平均水平，政府介入分配的程度很高，由于资本掌握要素配置主导权，导致要素价格体系扭曲。我国经济发展中投资率居高不下和居民消费严重不振也为我国劳动报酬的份额较低提供了佐证。而在三次产业中，第二产业劳动报酬的份额最低，第二产业中工业的劳动报酬份额又低于建筑业，这意味着工业中出现要素配

置效率为负的可能性更大。如果不考虑数据差异，采用方法二计算得到的地区间要素配置效率的年均增长速度（1978—2010 年）与张军等（2004）对工业行业数据（1981—2006 年）的计算结果比较接近，前者为 1.7%，后者为 2%。上述分析表明要素实际成本份额的度量对配置效率的计算有重要的影响，张军等（2009）所发现的结构红利为正可能主要来自要素成本份额核算带来的偏误。

表 7－5　不同分解基准和方法对要素配置效率的影响

	方法一（不考虑人力资本）			方法一（考虑人力资本）			方法二（考虑人力资本）		
	AECK	*AECL*	*AEC*	*AECK*	*AECL*	*AEC*	*AECK*	*AECL*	*AEC*
1978—1979	－0.014	0.005	－0.009	－0.012	0.005	－0.007	0.016	－0.005	0.012
1980—1981	－0.012	0.005	－0.007	－0.009	0.005	－0.004	0.013	－0.007	0.007
1982—1983	－0.011	0.003	－0.008	－0.009	0.003	－0.006	0.017	－0.007	0.010
1984—1985	－0.015	0.002	－0.014	－0.012	0.002	－0.010	0.023	－0.006	0.017
1986—1987	－0.018	0.002	－0.015	－0.014	0.002	－0.012	0.025	－0.006	0.019
1988—1989	－0.018	0.001	－0.017	－0.016	0.002	－0.014	0.018	－0.005	0.013
1990—1991	－0.009	0.003	－0.006	－0.008	0.003	－0.004	0.012	－0.010	0.002
1992—1993	－0.014	0.002	－0.012	－0.011	0.002	－0.009	0.018	－0.004	0.014
1994—1995	－0.018	0.001	－0.017	－0.015	0.001	－0.014	0.023	－0.003	0.020
1996—1997	－0.014	0.002	－0.013	－0.012	0.002	－0.010	0.023	－0.002	0.022
1998—1999	－0.013	0	－0.013	－0.011	0	－0.011	0.023	0	0.023
2000—2001	－0.011	0.002	－0.009	－0.010	0.002	－0.008	0.021	－0.002	0.020
2002—2003	－0.012	0.002	－0.010	－0.012	0.003	－0.009	0.022	－0.002	0.020
2004—2005	－0.024	0.004	－0.020	－0.024	0.006	－0.018	0.022	－0.002	0.021
2006—2007	－0.034	0.005	－0.028	－0.035	0.000	－0.035	0.021	－0.002	0.018
2008—2009	－0.048	0.009	－0.040	－0.049	0.007	－0.042	0.023	－0.002	0.020
2009—2010	－0.033	0.004	－0.029	－0.034	0.006	－0.027	0.032	－0.004	0.028
平均	－0.019	0.003	－0.016	－0.017	0.003	－0.014	0.021	－0.004	0.017

7.4　要素配置效率的影响因素分析

虽然总体要素配置效率对我国全要素生产率有较大的负面影响，即存在较大的要素配置非效率（结构负利），但从另一方面来看，较大的结构负利也为将来改善要素配置效率提供了充分的空间。因此探讨导致要素配置非效率的原因，可以为改善要素配置效率从而提高全要素生产率提供经验支持。本章采用面板数据回归分析方法，并结合 Hausman 检验来决定具体的回归方法，当 Hausman 检验显著时采用固定效应面板回归方法，不显著时采用随机效应面板回归方法。根据相关的要素配置效率理论并考虑数据可得性的制约，本章选取的解释变量包括：①要素结构变量：用资本劳动比变化率（*KLC*）表示，代表要素市场中资本和劳动构成的变化，是决定要素配置效率的核心因素；②基础设施变量：采用公路长度增长率（*ROADC*），主要代表公共基础设施对要素配置效率的影响；③对外开放度变量（*OPENC*），用进出口总额增长率表示；④外资结构（*FDIC*），用实际利用外商直接投资总额变化率表示；⑤所有制结构变量（*SOEC*）：用国有工业企业总产值增长率表示；⑥金融发展变量（*CREDITC*）：用信贷余额增长率代替；⑦政府规模变量（*GOV-RC*）：由于政府规模大的地区显然需要较大的财政收入来支持，因此用政府财政收入表示政府规模；⑧市场化程度变量（*MIC*）：用樊纲（2011）的市场化指数变化率表示；⑨控制变量：考虑到我国高增长、高能耗的经济增长模式，借鉴张军等（2004）的做法，采用劳均产出增长率（*YLC*）和能源消耗的自然对数（*LNE*）作为控制变量。

由于数据可得性的限制，我们将回归分为两个时段进行：1978—2010 年（表 7 - 6）和 1998—2010 年（表 7 - 7）。表 7 - 6 和表 7 - 7 中不考虑人力资本（模型 1）和考虑人力资本（模型 2）情况下要素配置效率（*AEC*）对其影响因素的回归结果的 Hausman 检验都非常显著，因此均采用固定效应面板数据模型来估计。*F* 检验也说明所有回归模型是显著的。

从表 7 - 6 的回归结果来看，两个模型中回归系数的大小和符号都非常相似。由于劳均产出会对生产率产生影响（Kumar & Russell，2002），因此劳均产出有可能会影响要素配置所带来的生产率变化（*AEC*）。两个模型中，劳均产出变化率的系数都为负数且显著，这表明要素配置效率随着经济发展水平的提高呈现下降的趋势，Berthelemy（2001）和张军等（2004）的研究结果也得出了类似的结论。能源消耗变量的回归系数也显著为负，高能耗确实显著降低了我国要素配置效率，能源消耗每增加1%，两个模型中的要素配置效率将分别下降0.007%~0.01%，张军等（2004）对中国工业行业的回归分析发现能源消耗上升1%，要素配置效率会下降0.008 6%~0.009 2%，与本章的结果非常相似。能源消耗主要和地区产业结构有关，重化工业发达的地区常常具有较高的能源消耗，但由于重化工业能够为地方政府贡献较高的GDP，因此，重化工业常常受到政府政策的过度扶持，导致要素配置效率低下（Kim & Han，2001）。

资本劳动比变化率的回归系数都非常显著，是要素配置效率最重要的决定变量之一，资本劳动比增长1%分别会带来表7-6中模型1和模型2中要素配置效率下降0.088%和0.072%，资本密集度的提高意味着资本在经济中的支配地位上升，这表明在要素价格已经严重扭曲的情况下，继续提高资本劳动比会进一步降低劳动报酬在收入中的份额，从而恶化了要素配置效率。一般来说，公共基础设施的发展显然会促进要素的流动，并进而促进要素的配置效率。但是表7-6和表7-7的回归结果都表明作为公共基础设施替代变量的公路长度增长率（*ROADC*）的系数均为负数，表明公共基础设施的发展与要素配置效率负相关，造成要素配置低下的主要原因可能是要素收入分配制度不完善所带来的要素价格扭曲，公共基础设施可以通过便利要素流动促进劳动市场和产品市场的一体化，但对系统性的要素价格扭曲不会有太大的影响，或者说要素流动所带来的配置效率改进不足以抵消其他因素带来的扭曲效应。Brandt等（2011）的研究也发现大规模的劳动要素流动并没有显著降低地区之间的劳动报酬差异，并认为不是要素流动没有起作用，而是地区全要素生产率增长差异抵消了要素流动带来的再配置效应。

表7-6的回归中外商直接投资增长率（*FDIC*）的系数为正但不显著，在表7-7的回归中则显著为正，这表明外商直接投资只在1998—2010年才促进了要素配置效率的提高，这是因为外商直接投资的影响需要具有一定的规模才会发生作用（陆长平，聂爱云，2012）。我们在1998—2010年的回归中加入了所有制结构变量，即国有工业企业总产值增长率，但结果并不显著。对外开放度变量（*OPENC*）在所有回归中都不显著，与此相对应，表7-7中的市场化程度变量（*MIC*）的回归系数不显著也说明国内市场化程度的提高对要素配置效率的提高没有产生令人信服的影响。金融发展变量（*CREDITC*）

在表7－6和表7－7的回归中虽然都为正值，但都不显著。

政府规模变量（*GOV-RC*）与要素配置效率负相关，但仅在1998—2010年显著，表明这一时期政府规模对要素配置效率产生了负面的影响。一般而言，政府规模较大的地区对经济的干预也较大，意味着市场机制在资源配置中的作用受到了抑制，必然导致要素配置效率的下降。陆铭和陈钊（2009）认为在开放的经济条件下市场分割对于本地即期和未来的经济增长具有倒U形的关系，因此地方政府在短期内有动力来实施地方保护政策，要避免地方政府为追求短期经济增长而陷入“囚徒困境”，就需要中央政府进行协调并促进全国产品和要素市场的一体化。赖文燕（2012）也认为政府对市场要素配置的过度干预是造成要素配置效率低下的原因。

表7－6　1978—2010年要素配置效率的影响因素分析

	模型1（不考虑人力资本）			模型2（考虑人力资本）		
	系数	标准差	概率值	系数	标准差	概率值
C	0.064	0.007	0	0.084	0.007	0
YLC	－0.030	0.008	0	－0.042	0.008	0
LNE	－0.007	0.001	0	－0.010	0.001	0
KLC	－0.088	0.007	0	－0.072	0.007	0
FDIC	0	0	0.252	0	0	0.641
OPENC	－0.002	0.002	0.386	－0.002	0.002	0.190
ROADC	－0.219	0.072	0.002	－0.222	0.071	0.002
CREDITC	0.002	0.004	0.567	0.005	0.004	0.238
GOV-RC	－0.001	0.003	0.644	－0.003	0.003	0.269
R平方	0.645			0.614		
F检验	46.08		0	40.38		0
Hausman检验	*Chi－Sq.*＝54.06		0	*Chi－Sq.*＝45.67		0
样本容量	924			924		

表 7 - 7　1998—2010 年要素配置效率的影响因素分析

	模型 1（不考虑人力资本）			模型 2（考虑人力资本）		
	系数	标准差	概率值	系数	标准差	概率值
C	0. 180	0. 019	0	0. 218	0. 021	0
YLC	-0. 076	0. 014	0	-0. 089	0. 014	0
LNE	-0. 020	0. 002	0	-0. 025	0. 002	0
KLC	-0. 043	0. 009	0	-0. 037	0. 010	0
FDIC	0. 002	0. 001	0. 108	0. 003	0. 001	0. 027
SOEC	-0. 001	0. 007	0. 936	-0. 001	0. 008	0. 898
MIC	-0. 004	0. 008	0. 669	0	0. 009	0. 995
OPENC	0. 002	0. 003	0. 514	0. 004	0. 004	0. 258
ROADC	-0. 125	0. 101	0. 215	-0. 126	0. 107	0. 239
CREDITC	0. 002	0. 007	0. 733	0. 007	0. 007	0. 308
GOV-RC	-0. 033	0. 009	0. 001	-0. 032	0. 010	0. 001
R 平方	0. 759			0. 719		
F 检验	27. 68		0	22. 6		0
Hausman 检验	*Chi - Sq.* =44. 93		0	*Chi - Sq.* =39. 93		0
样本容量	364			364		

上述分析表明我国要素配置非效率的原因主要是要素价格扭曲、资本对劳动的过度替代以及政府的干预政策等。

7.5 小　结

本章采用 1978—2010 年的省际面板数据结合随机前沿生产函数模型研究了我国地区要素配置效率与全要素生产率之间的关系。接着分析了要素实际成本份额与最优产出份额之差的演变及其给要素配置效率带来的影响，然后通过固定效应面板数据回归方法进一步探讨了影响要素配置效率的主要因素。

本章研究发现，改革开放以来我国全要素生产率得到了很大的提升，但其增长主要来自技术进步。就技术进步的时间和空间分布来看，技术进步随改革开放的发展呈现递增趋势，但沿东、中、西部三大地区逐步递减。这一时空分布显然与对外开放程度有很大关系，表明作为发展中国家，国际技术溢出依然是我国技术进步的主要来源。与李胜文和李大胜（2008）以及张军等（2004）的研究结果相同，本章发现我国经济存在规模报酬递减现象，但规模报酬和技术效率变化对全要素生产率的影响相对较小。

要素配置效率是影响全要素生产率增长的另一个重要因素，方差分解也表明要素配置效率解释了大部分的全要素生产率变化。但与张军等（2004）的研究结果不同，本章发现要素配置效率对全要素生产率的贡献为负值，即不但没有体现出结构红利，且近年来有恶化的趋势。在资本增长率大于劳动增长率的条件下，要素配置效率的符号取决于劳动要素实际成本份额与其最优产出份额之差，在我国，劳动的实际报酬低于其贡献是一个非常普遍的现象，要素配置效率为负将是一种常态。此外，我们还发现我国区域间要素配置效率呈现发散的趋势，且主要来自各省区资本增长率与劳动增长率之差的增长差异。

我们也考察了影响要素配置效率的因素。固定效应面板模型回归结果显示资本劳动比变化率与要素配置效率显著负相关，表明资本密集度的提高是造成我国要素配置效率恶化的主要原因。政府规模与要素配置效率负相关，也是要素配置非效率的重要影响因素。此外，我们还发现，改善基础设施，促进金融发展，提高市场化程度与对外开放程度都没有显著地改善要素配置效率，这可能是由于我国要素配置非效率主要来自要素收入分配体制不合理带来的要素价格扭曲以及资本对劳动的过度替代。

8 开放经济条件下的全要素生产率决定

在前面几章，我们主要研究全要素生产率与劳均产出以及要素禀赋之间的关系，并尝试对全要素生产率进行分解以便打开全要素生产率这个“黑匣子”，现在我们来进一步研究全要素生产率的决定因素及其作用机制问题。

8.1 引　言

内生增长理论认为，创新是促进全要素生产率增长的重要因素，近年来的研发模型更加强调一国研发努力对本国生产率的促进作用。许多理论模型（Cohen & Levinthal，1989；Aghion & Howitt，1998；Howitt，2000）都揭示了研发存在“两面性”，即研发不但促进了本国的创新，还提高了本国对外来技术的吸收能力。Griffith 等（2004）则用 OECD 中的 12 个成员国家的产业数据证实了研发在技术赶超和自主创新过程中的重要性，同时他们还发现人力资本在全要素生产率增长中具有重要的作用。

Grossman 和 Helpman（1991）分析了知识跨国传播促进全要素生产率增长的作用和机制。许多学者的经验研究都发现以贸易为渠道的国际技术外溢显著地促进了全要素生产率的增长（Coe & Helpman，1995；Coe et al.，1997；Lumenga-Neso et al.，2005）。然而，也有学者对进口渠道的技术外溢表示怀疑。例如，Keller（1998）采用和 Coe、Helpman（1995）同样的模型发现，在某些条件下随机产生的双边贸易份额甚至比 Coe 和 Helpman（1995）得到的结果更显著。Kao 等（1999）纠正 Coe 和 Helpman（1995）OLS 估计的偏差以后，发现知识进口的估计系数不再显著。对于以外商直接投资为渠道的技术外溢的研究与此相似，虽然有许多基于宏观加总数据的研究发现外商直接投资对东道国产生了显著的技术外溢（Blomstrom et al.，1994；Borensztein et al.，1998；Alfaroa et al.，2004），但基于企业微观数据的研究较少发现外商直接投资与东道国企业生产率之间的正相关关系（Aitken & Harrison, 1999；Haddad & Harrison, 1993）。国内学者利用我国省际或行业数据对国际技术外溢做了许多实证研究，实证检验都支持贸易或外商直接投资对我国存在技术外溢的假设（赖明勇等，2005；沈坤荣，耿强，2001；何洁，许罗丹，1999）。

Nelson 和 Phelps（1966）很早就注意到人力资本对全要素生产率的影响，并认为全要素生产率主要由两个因素决定：人力资本以及实际技术与潜在技术之间的差距。还有其他学者也发现人力资本对全要素生产率产生了显著的促进作用（Benhabib & Spiegel, 1994；Aiyar & Feyrer, 2002；Benhabib & Spiegel, 2005）。Vandenbussche 等（2006）则进一步认为，既然技术进步来自于创新和模仿，对处于不同发展水平的国家和地区而言，不同水平的人力资本对于全要素生产率的作用也会有所不同。创新对于人力资本有更高的要求，因此受教育水平较高的人力资本具有更高的经济增长促进作用。Borensztein 等（1998）也认为，具有较高教育水平的国家能够更多地从技术外溢中获利，即人力资本也具有和研发相似的"两面性"。然而，也有学者对人力资本与经济增长或全要素生产率之间的关系持不同意见，如 Pritchett（2001）研究发现人力资本对经济增长并没有产生显著的影响，而人力资本与全要素生产率之间存在显著的负相关关系。Bils 和 Klenow（2000）也认为 Barro（1991）等所发现的教育与经济增长之间的正相关关系不是教育对经济增长的影响，相反，经济增长对教育的影响更为显著和稳定。Blomstrom 等（1994）没有得到教育有利于吸收外来技术的证据，但发现收入水平较高的国家更易从技术外溢中受益。

上述文献几乎都采用了面板数据进行估计，但普遍存在三个问题：第一，绝大多数文献没有对解释变量的内生性进行控制，这可能会产生估计的非一致性偏误；第二，许多文献都没有将研发和人力资本纳入同一个研究框架之内，从而可能存在遗漏变量所带来的偏误问题，虽然面板数据估计可以将有些变量归入固定效应（Fixed Effect），但前提是归入固定效应的变量在整个样本期间要保持不变，这一条件显然无法满足；第三，许多学者在实证检验中采用产出水平或其增长率而不是全要素生产率作为被解释变量，这样得到的回归结果可能会包含进口或外商直接投资所带来的其他效应，如投资效应、联系效应（Linkage Effect）等，无法将这些效应与技术外溢效应区别开来。

本章我们借鉴 Aiyar 和 Feyrer（2002）的全要素生产率条件收敛模型的建

模思路，构造了一个包含人力资本、国内研发存量、技术外溢（进口和外商直接投资）等变量的动态面板数据计量模型，并运用一阶差分广义矩估计方法对1985—2005年我国28个省、自治区和直辖市的面板数据进行了实证检验。与跨国数据相比，采用国内数据有利于降低样本的非观测效应，如文化、制度等变量带来的影响，因为国内样本具有更大的同质性。研究结果表明：不同层次人力资本中只有高等教育人力资本对全要素生产率存在显著的促进作用，进口和国内研发存量也和全要素生产率存在显著的正相关关系，但没有发现外商直接投资对我国全要素生产率产生促进作用；我们也对以人力资本构成变量、国内研发存量、收入水平、贸易开放度和综合技术水平等为指标的吸收能力进行了检验，结果发现只有综合技术水平促进了以进口为渠道的技术外溢。

8.2 模　型

本章我们在 Aiyar 和 Feyrer（2002）的全要素生产率条件收敛模型的基础上，构建了一个包含人力资本、国内研发存量、国际技术外溢和吸收能力的动态面板数据模型。Nelson 和 Phelps（1966）认为一国全要素生产率的增长率与该国该时点上实际全要素生产率与潜在全要素生产率之间的差距正相关。可用公式表示如下：

$$\frac{\dot{A}}{A}(t) = \lambda[\ln A^*(t) - \ln A(t)] \tag{8-1}$$

其中，$A^*(t)$ 表示 t 时刻潜在的全要素生产率水平，$A(t)$ 表示实际全要素生产率水平，λ 是条件收敛系数，即各地区实际全要素生产率向各自潜在全要素生产率收敛的系数。假设潜在全要素生产率水平由下面的公式决定：

$$A^*(t) = FH^{\phi}S^{\mu}N^{\rho}X^{\theta}T(t) \tag{8-2}$$

其中，F 表示地区固定效应；H 表示高等教育人力资本；S 表示中等教育人力资本；N 表示国内研发存量；X 表示国际技术外溢变量，由于国际技术外溢的主要渠道是进口和外商直接投资，因此，这里只研究基于进口和外商直接投资渠道的技术外溢。ϕ、μ、ρ 和 θ 分别表示潜在全要素生产率对高等教育人力资本、中等教育人力资本、国内研发存量和国际技术外溢变量的弹性系数。$T(t)$表示外生的技术进步。

从模型形式可见，该模型实际上是一个开放经济条件下的技术进步模型。如果将潜在全要素生产率看作该地区的稳态全要素生产率水平，那么该地区的稳态全要素生产率取决于人力资本、国内研发存量和国际技术外溢。

由于式（8－1）的左边实际上是 $\ln A$ 的导数，对式（8－1）做适当整理后两边同时乘以 $e^{\lambda t}$，然后对式（8－2）取自然对数并代入式（8－1）可得：

$$e^{\lambda t}\{[\ln \dot{A}(t)]+\lambda\ln A(t)\}=e^{\lambda t}[\ln F+\phi\ln H+\mu\ln S+\rho\ln N+\theta\ln X+\ln T(t)] \quad (8-3)$$

对式（8－3）两边进行积分：

$$\int_{t_1}^{t_2} e^{\lambda t}\{[\ln \dot{A}(t)]+\lambda\ln A(t)\}dt=\ln F\int_{t_1}^{t_2}\lambda e^{\lambda t}dt+\phi\ln H\int_{t_1}^{t_2}\lambda e^{\lambda t}dt+\mu\ln S\int_{t_1}^{t_2}\lambda e^{\lambda t}dt$$
$$+\rho\ln N\int_{t_1}^{t_2}\lambda e^{\lambda t}dt+\theta\ln X\int_{t_1}^{t_2}e^{\lambda t}dt+\int_{t_1}^{t_2}e^{\lambda t}\ln T(t)dt \quad (8-4)$$

执行上述积分并两边同时乘以 $e^{-\lambda t_2}$，然后适当整理即得：

$$\ln A(t_2)=e^{-\lambda\tau}\ln A(t_1)+\phi(1-e^{-\lambda\tau})\ln H+\mu(1-e^{-\lambda\tau})\ln S+\rho(1-e^{-\lambda\tau})\ln N+$$
$$+\theta(1-e^{-\lambda\tau})\ln X+(1-e^{-\lambda\tau})\ln F+e^{-\lambda t_2}\int_{t_1}^{t_2}e^{\lambda\tau}\ln T(t)dt \quad (8-5)$$

这里 $\tau=t_2-t_1$。上述公式实际上就是一个带有固定效应项和时间趋势项的动态面板数据模型。如果定义如下变量：

$$\beta_h=\phi\ (1-e^{-\lambda\tau})$$
$$\beta_s=\mu\ (1-e^{-\lambda\tau})$$
$$\beta_n=\rho\ (1-e^{-\lambda\tau})$$

$$\beta_x = \theta\ (1 - e^{-\lambda\tau})\ f_i =\ (1 - e^{-\lambda\tau})\ \ln F$$

$$\psi = e^{-\lambda\tau}$$

$$\eta_t = e^{-\lambda t_2}\int_{t_1}^{t_2} e^{\lambda\tau}\ln T\ (t)\ dt$$

$$t_2 = t$$

$$t_1 = t - 1$$

将上面的定义式分别代入式（8－5）并加上随机干扰项，可得：

$$\ln A_{i,t} = \psi \ln A_{i,t-1} + \beta_h \ln H_{i,t-1} + \beta_s \ln S_{t-1} + \beta_n \ln N_{t-1} + \beta_x \ln X_{i,t-1} + f_i + \eta_t + u_{i,t} \tag{8-6}$$

在这里，f_i是地区固定效应项，η_t是时间趋势项，对所有地区都相同，$u_{i,t}$是随机干扰项。

在许多文献中，都认为国际技术外溢不是一个独立的过程，而是受东道国人力资本、国内研发、收入水平和国内综合技术水平等吸收能力的影响，为了检验这些吸收能力变量对国际技术外溢的影响，我们在基本检验方程式（8－6）的基础上加入交互项。得到下面的扩展检验方程式：

$$\ln A_{i,t} = \psi \ln A_{i,t-1} + \beta_h \ln H_{i,t-1} + \beta_s \ln S_{t-1} + \beta_n \ln N_{t-1} + \beta_x \ln X_{i,t-1} + \beta_{xa} \ln X_{i,t-1} \times \ln A_{i,t-1} + \beta_{xh} \ln X_{i,t-1} \times \ln H_{i,t-1} + \beta_{xs} \ln X_{i,t-1} \times \ln S_{i,t-1} + \beta_{xn} \ln X_{i,t-1} \times \ln N_{i,t-1} + f_i + \eta_t + u_{i,t} \tag{8-7}$$

后面的实证检验将以基本方程式（8－6）和扩展方程式（8－7）为基础，但为了比较，我们在估计时也加入了总体平均人力资本，并用$\ln TH\ (-1)$来表示其一阶滞后。

8.3 变量说明和数据来源

8.3.1 变量说明

（1）人力资本。本章采用平均受教育年限法表示人力资本，各教育层次受教育年限分别定为未上过学1.5年、小学6年、初中3年、高中3年、大学3.5年（大专及以上）。在回归方程中，中等教育人力资本（S）指劳动力接受的初中和高中平均受教育年限，高等教育人力资本（H）指劳动力接受的大专及以上平均受教育年限，总体平均人力资本（TH）指劳动力平均受教育年限。

（2）进口和国内研发存量。借鉴Coe和Helpman（1995）的做法，进口变量用进口额与本地区产出（GDP）的比率和国外研发存量的乘积表示：

$$m_{it}=\frac{M_{it}}{Y_{it}}N_t^{fs} \tag{8-8}$$

其中，M_{it}表示进口额；Y_{it}表示本地区产出，即GDP；N_t^{fs}表示国外研发存量。由于OECD中的国家的研发投入占了世界研发的绝大部分，因此国外研发存量利用OECD中的国家的研发投入通过永续盘存法计算而来，即$N_t^{fs}=N_{t-1}^{fs}(1-\delta)+N_t^{ff}$。$N_t^{fs}$表示第$t$年的研发存量，$N_t^{ff}$表示第$t$年的研发投入，$\delta$为折旧率，借鉴Madsen（2007）的做法，折旧率采用5%。基年的知识存量采用下面的计算公式：

$$N_{1985}^{fs}=\frac{N_{1985}^{ff}}{g^n+\delta} \tag{8-9}$$

其中，N_{1985}^{fs}表示1985年OECD中的国家的研发存量，N_{1985}^{ff}表示1985年的研发投入，g^n为1985—2005年的研发投入年平均增长率。

国内研发存量的计算方法和折旧率与国外研发存量相同，因此不再赘述。

（3）外商直接投资。和许多研究外商直接投资技术外溢的文献一样，外商直接投资变量以各地区外商直接投资实际使用额与本地GDP的比值来表示。

（4）全要素生产率的计算。采用下面柯布—道格拉斯生产函数的变形来计算全要素生产率：

$$TFPCH=\frac{Y}{K^{\alpha}(HL)^{1-\alpha}} \tag{8-10}$$

其中，Y 是产出；K 是资本存量；H 是人力资本；用劳动力平均受教育年限代替；L 是劳动；α 是资本的产出弹性。计算时资本的产出弹性与前面相同，仍然取 0.4。

8.3.2 数据来源

本章样本包括了 1985—2005 年我国 28 个省、自治区和直辖市（不包括海南、西藏，重庆市数据并入四川省）的面板数据。劳动力、GDP、资本存量以及劳动力平均受教育年限数据来源与前面几章相同，但 GDP 和资本存量等数据都按 1990 年可比价格计算。进口额和外商直接投资等数据主要来自《新中国五十五年统计资料汇编》和各年度的《中国统计年鉴》。OECD 中的国家的研发数据来自 OECD 官方网站，国内各地区研发投入数据来自各年度的《中国科技统计年鉴》。

8.4 实证检验方法和结果分析

8.4.1 计量方法说明

动态面板数据的估计一般都采用一阶差分广义矩估计方法，这是因为动态面板数据一阶差分广义矩估计方法能够在含有滞后被解释变量和解释变量内生性的情况下得到一致估计量。因此，本章的经验模型估计也采用一阶差分广义矩估计方法。

和多数面板数据的估计一样，为了避免商业周期的影响，我们将样本以 3 年为期分为 7 个时间段。在进行广义矩估计时，事先要对式（8－6）和式（8－7）做一些转换。现就式（8－6）说明如下：首先，为了去掉估计公式（8－6）中的时间趋势项 η_t，将所有变量减去时期均值，这样在回归时就无须加入时间虚拟变量。然后再通过一阶差分变换去掉地区固定效应项 f_i，可得：

$$\begin{aligned}\ln A_{i,t}-\ln A_{i,t-1}=\ &\psi(\ln A_{i,t-1}-\ln A_{i,t-2})+\beta_h(\ln H_{i,t-1}-\ln H_{i,t-2})+\beta_s(\ln S_{i,t-1}-\\&\ln S_{i,t-2})+\beta_n(\ln N_{i,t-1}-\ln N_{i,t-2})+\beta_x(\ln X_{i,t-1}-\ln X_{i,t-2})+\\&(u_{i,t}-u_{i,t-1-})\end{aligned}$$

$$i=1,2,\cdots,28;t=3,4,\cdots,7 \qquad (8-11)$$

为了解决解释变量的内生性问题，动态面板数据一阶差分广义矩估计法一般都需要采用工具变量，本章的工具变量是解释变量各自所有已知的值，即解释变量的二阶和二阶以上滞后值。所有估计都采用 Sargan 统计量来检验过度识别限制的有效性，其虚拟假设是过度识别有效。在此假设下，Sargan 统计量服从（$p-q$）个自由度的χ^2分布，这里 p 为工具变量的秩，q 为估计系数的个数。

对交互作用进行检验的扩展方程式（8－7）的一阶差分转换与此相同，因此不再说明。

8.4.2　以进口为技术外溢变量的检验结果与分析

表 8－1 报告了以 ln$A$ 为被解释变量，ln$A$ 的一阶滞后、人力资本、国内研发存量、进口及其他控制变量为解释变量进行估计的结果。其中，第①、②两列是对基本检验方程式（8－6）的回归结果。第①列中的人力资本采用的是总体平均人力资本；第②列采用的是人力资本构成变量：中等教育人力资本和高等教育人力资本；第③至⑩列是对扩展方程式（8－7）的回归结果。从总体看，Sargan 统计量全部都不显著，过度识别假设有效，即没有拒绝工具变量有效的虚拟假设，说明我们在动态面板数据一阶差分广义矩估计方法中采用的工具变量是有效的。

（1）人力资本［lnTH（－1）］和全要素生产率。从第①列可以看出，总体平均人力资本在 1% 的显著性水平上与全要素生产率成负相关关系。考虑到不同教育程度的人力资本与全要素生产率的关系可能存在差别，为了更深入地了解人力资本和全要素生产率之间的关系，表 8－1 的第②列采用人力资本构成变量进行回归，结果发现中等教育人力资本与全要素生产率显著负相关，而高等教育人力资本与全要素生产率显著正相关，这证实人力资本的不同部分确实存在很大的异质性，如果简单地作为一个整体看待，会得出错误的结论。因此在第③至第⑩列扩展方程的回归中均采用了人力资本构成变量。其中，中等教育人力资本全部在很高的显著性水平上与全要素生产率成负相关关系；高等教育人力资本的回归系数全部为正，除了第⑧列不显著以外，其他各列均显著。由此可见，造成总体平均人力资本与全要素生产率负相关的原因是中等教育程度以下的人力资本。

表 8 - 1　以进口为技术外溢变量的动态面板数据一阶差分广义矩方法估计结果

	①	②	③	④	⑤	⑥	⑦	⑧	⑨	⑩
lnA(-1)	0.425*** (0.039)	0.453*** (0.057)	0.509*** (0.075)	0.457*** (0.057)	0.507*** (0.101)	0.5[illegible]2** (0.[illegible]01)	0.395*** (0.130)	0.310*** (0.101)	0.488*** (0.086)	0.425*** (0.075)
lnTH(-1)	-0.575*** (0.101)									
lnS(-1)		-0.488*** (0.084)	-0.490*** (0.093)	-0.472*** (0.094)	-0.438*** (0.102)	-0.4[illegible]8*** (0.[illegible]96)	-0.568*** (0.108)	-0.537*** (0.087)	-0.453*** (0.131)	-0.399** (0.181)
lnH(-1)		0.051* (0.029)	0.055* (0.033)	0.055*** (0.023)	0.060* (0.034)	0.04[illegible]*** (0.[illegible]31)	0.044+ (0.033)	0.034 (0.030)	0.081** (0.041)	0.110** (0.050)
lnm (-1)	0.084*** (0.009)	0.074*** (0.026)	0.033* (0.018)	0.048*** (0.016)	0.030+ (0.024)	0.07[illegible]*** (0.[illegible]24)	0.055*** (0.019)	0.058*** (0.013)	0.046*** (0.018)	0.033* (0.020)
lnN(-1)	0.041 (0.041)	0.034 (0.038)	0.069* (0.040)	0.080*** (0.028)	0.080** (0.033)	0.[illegible]24 (0.[illegible]48)	0.077** (0.038)	0.093** (0.040)	0.057** (0.029)	0.077* (0.042)
lnm(-1) × lnH(-1)			-0.021 (0.022)		0.006 (0.059)				-0.020 (0.042)	0.024 (0.038)
lnm (-1) × lnS(-1)				-0.084+ (0.064)	-0.146+ (0.109)				-0.090 (0.078)	-0.154* (0.089)
lnm(-1) × lnN(-1)						-0.[illegible]008 (0.[illegible]22)			0.009 (0.015)	-0.002 (0.023)

（续上表）

	①	②	③	④	⑤	⑥	⑦	⑧	⑨	⑩
ln$m$（−1）× ln$y$（−1）							0.079 （0.058）			
ln$m$（−1）× ln$A$（−1）								0.152*** （0.058）		0.070* （0.040）
Sargan 检验	0.33	0.37	0.39	0.41	0.4	0.388	0.506	0.38	0.38	0.42
observations	140	140	140	140	140	140	140	140	140	140

注：表内数字为回归系数，括号内为标准误。***、**、*分别代表1%、5%、10%的显著性水平，+表示20%的显著性水平。工具变量是解释变量自身的二阶和二阶以上滞后值。Sargan 检验的虚拟假设是工具变量的约束有效，表中给出的是概率值。

只有高等教育人力资本促进了全要素生产率水平的提高说明了不管是自主创新还是模仿和学习外来技术都需要达到一定的教育水平“门槛”，当教育水平低于这个“门槛”时，其自身创新水平和学习能力较低，从而无法促进技术进步，甚至成为技术进步和效率提高的阻力。教育水平只有超过这个“门槛”才能有效地促进技术进步。

（2）国内研发存量［$\ln N$（-1）］和全要素生产率。国内研发存量的回归系数全部为正值，除了第①、②、⑥列的回归系数由于受多重共线性的影响而不显著之外，其他列的回归系数均显著。这说明代表自主创新的国内研发存量促进了我国技术进步水平的提高。

（3）进口［$\ln m$（-1）］和全要素生产率。从第①到第⑩列，所有进口变量的回归系数都显著，且符号为正值，说明进口确实促进了我国全要素生产率水平的提高。我国是一个非技术前沿国家，对外经济开放促进了我国对世界前沿技术的吸收和利用。进口的设备、仪器和其他资本品不但提高了国内的生产装备水平和技术效率，而且有效地促进了国内市场上的竞争，提高了市场效率。此外，通过对进口高技术产品进行反求工程（Reverse Engineering）等活动也可以促进国内技术进步。

（4）全要素生产率的一阶滞后和全要素生产率。所有全要素生产率的一阶滞后变量的回归系数都十分显著，且为正值。回归系数的数值大小比较稳定，保持在0.310～0.512之间，据此还可以根据公式$\psi = e^{-\lambda\tau}$，得出全要素生产率收敛系数λ的值在0.223～0.390之间。收敛系数显著为正值说明实际全要素生产率与潜在全要素生产率之间的差距越大，全要素生产率增长的速度越快，这和前面全要素生产率相对收敛的理论假设是一致的。

（5）吸收能力和全要素生产率。为了检验人力资本及其构成变量对吸收进口渠道的技术外溢的作用，表8－1的第③、④、⑤、⑨、⑩列分别包括了人力资本构成变量与进口的交互项，但没有发现上述交互项的任何一个回归系数在传统的显著性水平上显著，且符号为正值。结合前面对人力资本的分析，本章结果与Aiyar、Feyrer（2002）以及Vandenbussche等（2006）的研究结果是一致的，即只有高等教育人力资本才对全要素生产率有显著的促进作用，总体平均人力资本和中等教育人力资本与全要素生产率之间的关系为负。不同的是，他们将高等教育人力资本对全要素生产率的促进作用归结为模仿和吸收能力的提高，由于人力资本特别是高等教育人力资本既可以通过自主创新来促进全要素生产率水平的提高，又可能通过提高对外来技术的吸收能力来促进全要素生产率水平的提高，但在没有通过交互项进行实证检验的情况下将高等教育人力资本的作用归结为促进了对外来技术的吸收和利用似乎有欠妥当。我们的结果证实高等教育人力资本对全要素生产率具有相对独立的促进作用。

第⑥、⑨、⑩列对国内研发存量与进口之间的交互项进行了检验，但系数均不显著。我们认为，国内研发存量和高等教育人力资本一样，对我国全要素生产率有一定的促进作用，但其作用具有一定的独立性。这一结果说明，如果将人力资本和国内研发存量对全要素生产率的促进作用解释为技术吸收能力的提高似乎欠妥，也就是说，人力资本和国内研发存量对我国技术进步的提高不具有 Cohen 和 Levinthal（1989）所描述的“两面性”，我们的实证结果没有发现高等教育人力资本和国内研发存量直接促进我国基于进口渠道的技术外溢的证据。

第⑦列检验了收入水平（劳均产出）与进口之间的交互项，与 Blomstrom 等（1994）研究得到的结果不同，该交互项的回归系数虽然为正值，但不显著，收入水平差异并没有显著地影响各地区对来自进口渠道的外来技术的吸收。

第⑧、⑩两列对全要素生产率和进口变量之间的交互项进行了检验，结果发现该回归系数显著，且符号为正值。对这一结果的解释是，全要素生产率代表一个地区的综合技术水平，这种综合技术水平可能体现为基础设施发达程度、政府效率、市场化程度、人力资本和研发投入等因素的综合水平和互补作用，而不是体现在某单一因素的作用上。这一结果和 Abramovitzal（1986）的“社会能力”学说非常相似：非技术前沿国家和技术前沿国家的差距为非技术前沿国家提供了向潜在技术水平收敛的可能，但非技术前沿国家要实现赶超必须具备足够的“社会能力”。因此，我们认为一个地区的综合技术水平有利于对进口技术的吸收和利用。

（6）弹性系数的比较。为了比较高等教育人力资本、国内研发存量和进口对潜在全要素生产率的影响程度，我们按照前面的相关公式推算了上述变量各自的弹性系数值，结果见表 8 – 2。如果排除在传统的显著性水平上（10%）不显著的回归系数，高等教育人力资本的回归系数值介于 0. 051 与 0. 110 之间，据此计算出的弹性系数值在 0. 093 ~0. 191 之间；国内研发存量的回归系数大小位于 0. 057 ~0. 093 之间，相应的弹性系数值介于 0. 111 与 0. 135 之间；进口的回归系数值在 0. 033 ~0. 084 之间，弹性系数值介于 0. 067

与0.146之间。如果以区间中间值来比较的话，三者之中，高等教育人力资本的弹性系数值最大，为0.142，说明高等教育人力资本对潜在全要素生产率的影响最大；其次是国内研发存量，为0.123；进口的弹性系数值最小，为0.107。如果把国内研发存量看作自主创新，那么自主创新对我国技术进步的贡献要大于进口渠道的技术外溢。

表8－2　部分变量回归系数和弹性值比较

	高等教育人力资本 [ln$H$（－1）]		国内研发存量 [ln$N$（－1）]		进口 [ln$m$（－1）]	
	下限	上限	下限	上限	下限	上限
回归系数	0.051	0.110	0.057	0.093	0.033	0.084
弹性系数	0.093	0.191	0.111	0.135	0.067	0.146

注：弹性系数值是利用估计出的回归系数通过下面的公式计算而得：$\psi = e^{-\lambda\tau}$，$\beta_h = \phi(1-e^{-\lambda\tau})$，$\beta_s = \mu(1-e^{-\lambda\tau})$，$\beta_n = \rho(1-e^{-\lambda\tau})$，$\beta_m = \theta(1-e^{-\lambda\tau})$。因为不显著的系数可能会受多重共线性的影响，故计算时采用的是显著性在10%以内的回归系数的上限和下限值。

综上分析，可以发现自主创新和以进口为渠道的技术外溢都是促进我国全要素生产率水平提高的重要因素，人力资本构成中只有高等教育人力资本促进了我国全要素生产率水平的提高，其对全要素生产率的影响也大于进口和国内研发存量；通过对可能的吸收能力指标如人力资本构成变量、国内研发存量、收入水平和综合技术水平的检验，我们发现只有综合技术水平（全要素生产率）对进口渠道的技术外溢产生了正向促进作用。

8.4.3 以外商直接投资为技术外溢变量的检验结果与分析

表8－3报告了以 ln*A* 为被解释变量，以外商直接投资为技术外溢变量，国内研发存量和人力资本及其他控制变量为解释变量回归的结果。第①、②两列是对基本方程式（8－6）的回归结果。第③～⑨列是对扩展方程式（8－7）的回归结果。从总体上看，Sargan 统计量全部不显著，说明动态面板数据一阶差分广义矩估计方法中采用的工具变量是有效的。

（1）人力资本［ln*TH*（－1）］和全要素生产率。从表8－3第①列可以看出，总体平均人力资本在1%显著性水平上与全要素生产率成负相关关系。如前所述，不同教育程度人力资本对全要素生产率的作用不同，因此表8－3其他各列均采用人力资本构成变量，其中，除第⑨列外，中等教育人力资本在1%显著性水平上与全要素生产率成负相关关系；高等教育人力资本的回归系数除了第②和第⑨列不显著之外，其他各列的回归结果都表明该变量与全要素生产率显著正相关。人力资本构成变量与外商直接投资交互项的系数要么显著为负值，要么不显著，没有发现显著的正相关关系。可见，人力资本中只有高等教育人力资本才促进了全要素生产率的增长，且其作用有一定的独立性。这和前面以进口为技术外溢变量的检验结果是完全一致的。

（2）国内研发存量［ln*N*（－1）］和全要素生产率。国内研发存量的回归系数全部为正值，而且除了第①、⑦两列的回归系数不显著外，其他各列的回归系数均非常显著。第⑤、⑨两列对国内研发存量和外商直接投资之间的交互项进行了检验，其中第⑤列的回归系数显著，第⑨列不显著，我们也采用其他的控制变量进行了回归，发现多数情况下国内研发存量和外商直接投资交互项的回归系数不显著。这再次证明了我们前面的结论：国内研发存量和高等教育人力资本一样，对我国全要素生产率有一定的促进作用，但其作用具有一定的独立性，没有发现国内研发存量和高等教育人力资本直接作为吸收能力的一面。

（3）外商直接投资［ln*FDIY*（－1）］和全要素生产率。外商直接投资的回归系数，除了第⑨列为正值（不显著）外，所有其他列的回归系数都为负值，但显著性水平较差，而且系数值也非常小。这说明外商直接投资并没有独立地产生技术外溢效应。

（4）全要素生产率的一阶滞后和全要素生产率。所有全要素生产率的一阶滞后变量的回归系数都十分显著，且为正值。回归系数的数值大小介于

0.285与0.511之间，与采用进口变量时的估计结果基本一致。据此还可以求出收敛系数 λ 的值在0.224～0.418之间，依然符合前面条件收敛的理论假设。第⑧列对全要素生产率的一阶滞后与外商直接投资变量之间的交互项进行了检验，虽然检验系数显著，但符号为负值。这说明外商直接投资的技术外溢效应并不受综合技术水平（全要素生产率）的影响。

（5）其他吸收能力指标和全要素生产率。第⑦列对以收入水平为吸收能力指标的交互项进行了检验，第⑧列对以贸易开放度为指标的吸收能力进行了检验，但回归系数均不显著。这说明收入水平和贸易开放度都没有显著地促进基于外商直接投资渠道的技术外溢。

从上述检验结果可以得出两点：首先，我们再次证实了高等教育人力资本和国内研发存量对我国技术进步具有重要的作用，但其作用有一定的独立性，没有发现其直接作为吸收能力的一面；其次，与许多文献不同（何洁，许罗丹，1999；沈坤荣，耿强，2001；赖明勇等，2005），我们没有发现外商直接投资对国内技术进步的促进作用，即没有发现外商直接投资的技术外溢效应，且这一结果不以各地区人力资本水平、国内研发存量、收入水平、贸易开放度和综合技术水平的不同而有所区别。我们认为，导致这一不同结果的原因是我们对相关变量的内生性进行了有效的控制，而上述文献都没有对解释变量的内生性进行处理。我们的结果与Carkovic和Levine（2002）的研究结果相似，他们也采用动态面板数据模型对外商直接投资的技术外溢效应进行估计，并采用工具变量对相关变量的内生性进行了有效控制，没有发现外商直接投资对东道国产生了显著的技术外溢。

表 8-3 基于外商直接投资的技术外溢动态面板数据一阶差分广义矩方法估计结果

	①	②	③	④	⑤	⑥	⑦	⑧	⑨
lnA(-1)	0.285*** (0.035)	0.396*** (0.040)	0.361*** (0.052)	0.399*** (0.069)	0.386*** (0.062)	0.450*** (0.066)	0.385*** (0.099)	0.511*** (0.051)	0.309+ (0.227)
lnTH(-1)	-1.035*** (0.103)								
lnS(-1)		-0.524*** (0.065)	-0.541*** (0.079)	-0.569*** (0.077)	-0.618*** (0.100)	-0.550*** (0.099)	-0.553*** (0.129)	-0.602*** (0.089)	-0.238 (0.198)
lnH(-1)		0.018 (0.018)	0.026++ (0.017)	0.048** (0.021)	0.027* (0.014)	0.027++ (0.019)	0.030++ (0.021)	0.053** (0.026)	-0.011 (0.059)
lnN(-1)	0.044 (0.058)	0.087*** (0.032)	0.095*** (0.036)	0.070* (0.041)	0.075* (0.042)	0.066* (0.039)	0.071 (0.065)	0.053*** (0.031)	0.169*** (0.073)
lnFDIY(-1)	-0.009*** (0.004)	-0.004+ (0.003)	-0.008* (0.005)	-0.007+ (0.005)	-0.005+ (0.004)	-0.003 (0.004)	-0.008++ (0.005)	-0.004 (0.005)	0.003 (0.014)
lnS(-1) × lnFDIY(-1)			0.006 (0.010)						0.006 (0.062)
lnH(-1) × lnFDIY(-1)				-0.007 (0.011)					-0.031*** (0.011)
lnN(-1) × lnFDIY(-1)					0.013** (0.007)				0.002 (0.021)

（续上表）

	①	②	③	④	⑤	⑥	⑦	⑧	⑨
$\ln A(-1)\times$ $\ln FDIY(-1)$						-0.015 (0.036)			
$\ln y(-1)\times$ $\ln FDIY(-1)$							0.017 (0.017)		
$\ln m(-1)\times$ $\ln FDIY(-1)$								-0.004 (0.005)	
Sargan 检验	0.560	0.433	0.516	0.466	0.475	0.355	0.489	0.435	0.432
observations	140	140	140	140	140	140	140	140	140

注：表内数字为回归系数，括号内为标准误。***、**、*分别代表1%、5%、10%的三著性水平，++、+分别表示15%和20%的显著性水平。工具变量是解释变量自身的二阶和二阶以上滞后值。Sargan 检验的零假设是二具变量的约束有效，表中给出的是概率值。

8.5 小 结

本章采用动态面板数据模型检验了基于进口渠道和外商直接投资渠道的技术外溢、国内研发存量、人力资本及其构成和以不同指标度量的吸收能力对全要素生产率的影响，并运用动态面板数据一阶差分广义矩估计方法对上述模型进行了实证检验。研究发现，在对内生性和固定效应进行有效控制的条件下，进口和国内研发存量都显著地促进了全要素生产率水平的提高，但不同层次人力资本中只有高等教育人力资本促进了全要素生产率水平的提高，总体平均人力资本、中等教育人力资本与全要素生产率之间都显著为负的相关关系；我们也对以人力资本、国内研发存量、收入水平、贸易开放度以及综合技术水平（全要素生产率）为指标的吸收能力进行了检验，结果表明，只有作为综合技术水平的全要素生产率促进了以进口为渠道的国际技术外溢。不过，与赖明勇等（2005）学者不同，我们没有发现外商直接投资对全要素生产率的显著促进作用，且这一结果不以各地区人力资本、国内研发存量、收入水平、贸易开放度和综合技术水平的不同而有所区别。

本章的结论具有重要的政策含义：

第一，应该普及中等教育，大力发展高等教育。虽然中等教育人力资本与全要素生产率的关系为负相关关系，但并不意味着中等教育人力资本对经济增长没有贡献，因为我们在计算全要素生产率的时候已经在生产函数中去除了平均人力资本的贡献份额。此外，中等教育也是高等教育的基础，只有实现了中等教育和高等教育的有效衔接，才能避免青少年过早进入劳动力市场，提高我国的高等教育水平。发展高等教育首先要加大高等教育投入。虽然近年来我国公共教育投入占 GDP 的比例有所提高，但在全球排名中仍然比较落后，甚至低于发展中国家的平均水平。除了加大政府的高等教育投入以外，还要扩大高等教育经费的筹措渠道，通过校企合作，社会、企业和个人的资助以及捐赠等方式来拓宽经费来源；其次要提高高等教育人力资本的投资回报率。高等教育不但可以作为生产要素进入生产函数，还可通过提高技术进步来促进经济增长。正如 Aiyar 和 Feyrer（2002）所说，高等教育的个人收益是递减的，但社会收益是递增的。近年来我国的大学实行扩招以后，出现了大学生初次就业收入下降和就业难等问题，这些现象都会影响到社会和家庭高等教育投入的积极性。应该认识到与许多国家相比，我国目前的劳动力队伍中大学生所占的比例还很小。当前大学生就业难的问题主要是产业结构问题造成的，我国目前的产业构成主要以制造业为主，而制造业特别是劳动密集型制造业对高等教育人才的吸收能力较小。我国服务业尤其是知识密集型服务业如金融、咨询、传媒、通信等行业还很不发达，严重影响了我国高等教育人才的就业和投资回报率。而要解决这一问题，就必须加快实现产业结构的优化和转型。

第二，加大研发投入，增强自主创新能力。研发是创新的源泉，国内研发存量是促进我国技术进步的重要因素。虽然我们没有像 Cohen、Levinthal（1989）和 Griffith 等（2004）那样发现研发的两面性，但并不意味着研发对吸收能力没有贡献，研发和其他因素一起促进了综合技术水平，因此间接地提高了吸收能力。这也可能说明了我国研发投入和所引进的国外技术之间不相匹配。因此，我国在加大研发投入的同时还要提高国内研发存量和引进技术之间的适配性。作为一个非技术前沿的发展中国家，如果引进技术的成本较低，完全可以采用技术引进的方法；但对于核心技术，则必须通过自主研发来获取。因此，必须要在自主创新和技术引进吸收之间做出适当的平衡。

第三，加大开放力度，提高社会综合技术水平，加强对外来技术的吸收和利用。由于社会综合技术水平高的地区具有较强的吸收能力，能够从进口中获得更多技术进步，也就是说，进口扩大了地区全要素生产率水平的差距。这是一个非常重要的“贫富分化机制”，说明在开放经济条件下，全要素生产率本身形成了一种“贫富分化”的自我强化机制。因此，要缩小地区技术差距，不但要加大技术落后地区的开放力度，更重要的是提高本地的综合技术吸收能力。

第四，重新审视我国对外商投资企业的相关政策。我国是吸引外商直接投资最多的国家之一，为了吸引外资，中央和地方政府出台了很多的优惠政策，外资企业甚至获得了“超国民待遇”。本章的研究结果提醒我们，外商直接投资对东道国技术进步的促进作用可能取决于许多条件，当这些条件不具备时，其技术外溢效应发挥不出来。例如，根据刘德学（2006）的研究，外资企业对我国员工的培训非常有限，而且管理人员和技术人员主要在外资企业之间流动，这样就限制了其技术外溢效应的发挥。同时，外资企业的负面效应也不容忽视，多年来我们一直遵循“以市场换技术”的引资思路，外资的出现可能会对东道国市场产生扭曲，并对本地企业形成一定的“挤出效应”。而且，如 Carkovic 和 Levine（2002）所说，许多文献发现的外商直接投资与经济增长之间的正相关关系可能仅仅是经济成功的标志，是促进经济增长的合理政策为外商直接投资创造了具有吸引力的发展环境，而不是相反。虽然本章的结论还需要行业和企业层面等更加微观的数据加以确认，但在没有确定结论的条件下执行对外资企业的“过度优惠政策”值得我们深入反思。

9 开放经济条件下地区劳均产出的决定

上一章我们研究了开放经济条件下全要素生产率的决定，本章我们进一步研究开放经济条件下影响劳均产出的一些主要因素，即劳均产出的决定。

9.1 引 言

近年来的新增长理论促进了对于经济增长决定的研究。如 Barro（1997）利用 1960—1990 年大约 100 个国家的面板数据对经济的收敛性和增长的决定要素进行了回归，结果发现，较高的教育程度、良好的健康状况、低水平的人口出生率、低水平的政府支出、有效的法制、有利的贸易条件和较低的通货膨胀等都有利于经济的增长。

在全球一体化的大背景下，对外贸易成为国际技术溢出的主要渠道，因此国际贸易对经济增长和发展的影响是近年来国内外学者研究的焦点之一。许多学者的实证结果都表明，随着国际知识的溢出，贸易有利于经济增长（Sachs & Warner，1995；Frankel & Romer，1999）。我国学者利用国内地区或行业面板数据就对外贸易对我国经济增长的影响进行了研究。沈坤荣和李剑（2003）运用 Frankel 和 Romer（1999）的方法检验了国际贸易对中国经济增长的影响机理，发现国际贸易和人均产出呈显著正相关，国际贸易通过提升国家要素禀赋结构和加快制度变革进程促进了人均产出的提高。赖明勇等（2005）的研究发现进口贸易和外商直接投资对我国经济增长有明显的促进作用，并认为较高的人力资本和贸易开放度增加了贸易和外商直接投资对经济增长的促进作用。

作为另一个主要的开放经济条件变量，外商直接投资对东道国经济增长或发展的作用也受到了广泛的关注。例如，Borensztein 等（1998）认为，外商直接投资对具有较高教育水平的国家有显著的经济增长效应。但 Blomstrom

等（1994）发现教育没有显著地促进外商直接投资对经济增长的正向作用，他们认为外商直接投资对经济增长的促进作用与收入水平有关，只有收入水平足够高的国家或地区才能从外商直接投资中获得经济增长效应。Alfaroa 等（2004）发现外商直接投资对经济增长的促进作用依赖于东道国的金融市场发展程度；赖明勇等（2005）通过构建一个基于中间产品种类扩张型的内生增长模型，论述了作为吸收能力的人力资本和国内研发对经济增长的作用，并用1996—2002 年我国30 个省区市的面板数据进行了检验，实证结果支持理论预测。沈坤荣和耿强（2001）也通过一个内生增长模型对 1987—1998 年我国 29 个省区市的面板数据进行了检验，结果发现外商直接投资促进了我国的经济增长。王志鹏和李子奈（2002）研究发现外商直接投资对经济增长的作用具有鲜明的人力资本特征，各地区必须跨越一定的人力资本门槛才能从外商直接投资中获益。王成岐等（2002）认为外商直接投资对经济增长的促进作用依赖于东道国的技术水平和政策因素。

上述文献几乎都采用了面板数据的估计方法，但在计量估计中普遍存在内生性问题、遗漏变量问题和影响机制的解释问题。

本章我们以标准的条件收敛假设为基础，仍然借鉴 Aiyar，Feyrer（2002）以及 Caselli 等（1996）的研究思路，建立了一个动态面板数据计量模型，并采用1985—2005 年我国28 个省、自治区和直辖市的面板数据检验了开放经济条件下中国地区劳均产出的决定。与跨国数据相比，采用国内数据有利于降低样本的非观测效应，如文化、制度等变量带来的影响，因为国内样本具有更大的同质性。结果发现，进口显著地促进了劳均产出的增长，但不同层次人力资本中只有高等教育人力资本促进了地区劳均产出的提高，总体平均人力资本、中等教育人力资本与劳均产出之间的相关关系都显著为负，说明人力资本构成变量的不同水平之间存在异质性；外商直接投资对地区收入水平的提高有一定的促进作用，但这种作用比较小；政府财政支出和投资率对我国地区收入水平的提高有较大的促进作用；我们也对以人力资本、国内收入水平以及贸易开放度等为指标的吸收能力进行了检验，结果表明，进口和外商直接投资对地区收入水平的促进作用独立于上述变量。

9.2 模 型

本章在标准的经济收敛假设的基础上，借鉴 Aiyar，Feyrer（2002）以及

Caselli 等（1996）的建模思路，建立了一个关于劳均产出的动态面板数据模型。假设劳均产出的增长率由实际劳均产出和潜在（或稳态）劳均产出决定，给定潜在劳均产出，劳均产出增长率随实际劳均产出的上升而下降；给定实际劳均产出，劳均产出增长率随潜在劳均产出的上升而上升。基于以上原理，我们用下面的公式表示劳均产出的增长率：

$$\frac{\dot{y}}{y}(t)=\lambda[\ln y^{*}(t)-\ln y(t)] \tag{9-1}$$

其中，$y^{*}(t)$ 表示 t 时刻潜在劳均产出，$y(t)$ 表示实际劳均产出，λ 是条件收敛系数，即各地区实际劳均产出向各自潜在劳均产出收敛的系数。假设潜在劳均产出由下面的公式决定：

$$y^{*}(t)=FH^{\phi}S^{\mu}X^{\theta}C^{\rho}T(t) \tag{9-2}$$

其中，F 表示地区固定效应；H 表示高等教育人力资本；S 表示中等教育人力资本；X 表示开放经济变量，这里只包括了进口和外商直接投资；C 表示控制变量如投资率和政府支出等。ϕ、μ、θ 和 ρ 在这里分别表示潜在劳均产出对高等教育人力资本、中等教育人力资本、开放经济变量和控制变量的弹性系数。$T(t)$ 表示外生的技术进步。

由于式（9－1）的左边实际上是 $\ln y$ 的导数，对式（9－1）做适当整理后两边同时乘以 $e^{\lambda t}$，然后将式（9－2）取自然对数并代入式（9－1）可得：

$$e^{\lambda t}[\ln\dot{y}(t)+\lambda\ln y(t)]=e^{t}\lambda[\ln F+\phi\ln H+\mu\ln S+\theta\ln X+\rho\ln C+\ln T(t)] \tag{9-3}$$

对式（9－3）两边进行积分：

$$\int_{t_1}^{t_2}e^{\lambda t}[\ln\dot{y}(t)+\lambda\ln y(t)]dt=\ln F\int_{t_1}^{t_2}\lambda e^{\lambda t}dt+\phi\ln H\int_{t_1}^{t_2}\lambda e^{\lambda t}dt+\mu\ln S\int_{t_1}^{t_2}\lambda e^{\lambda t}dt+\theta\ln X\int_{t_1}^{t_2}\lambda e^{\lambda t}dt+\rho\ln C\int_{t_1}^{t_2}\lambda e^{\lambda t}dt+\int_{t_1}^{t_2}e^{\lambda t}\ln T(t)dt \tag{9-4}$$

执行上述积分并两边同时乘以 $e^{-\lambda t_2}$，然后适当整理可得：

$$\ln y(t_2) = e^{-\lambda\tau}\ln y(t_1) + \phi(1 - e^{-\lambda\tau})\ln H + \mu(1 - e^{-\lambda\tau})\ln S + \theta(1 - e^{-\lambda\tau})\ln X + \rho(1 - e^{-\lambda\tau})\ln C + (1 + e^{-\lambda\tau})\ln F + e^{-\lambda t_2}\int_{t_1}^{t_2} e^{\lambda\tau}\ln T(t)\,dt \tag{9-5}$$

这里 $\tau = t_2 - t_1$。上述公式实际上就是一个带有固定效应项和时间趋势项的动态面板数据模型。如果定义如下变量：

$$\beta_h = \phi\ (1 - e^{-\lambda\tau})$$
$$\beta_s = \mu\ (1 - e^{-\lambda\tau})$$
$$\beta_x = \theta\ (1 - e^{-\lambda\tau})$$
$$\beta_c = \rho\ (1 - e^{-\lambda\tau})$$
$$f_i = (1 - e^{-\lambda\tau})\ \ln F$$
$$\psi = e^{-\lambda\tau}$$
$$\eta_t = e^{-\lambda t_2}\int_{t_1}^{t_2} e^{\lambda\tau}\ln T(t)\,dt$$
$$t_2 = t$$
$$t_1 = t - 1$$

将上述定义分别代入式（9－5）并加上随机干扰项，可得：

$$\ln y_{i,t} = \psi\ln y_{i,t-1} + \beta_h\ln H_{i,t-1} + \beta_s\ln S_{t-1} + \beta_x\ln X_{t-1} + \beta_c\ln C_{i,t-1} + f_i + \eta_t + u_{i,t} \tag{9-6}$$

在这里 f_i 是地区固定效应项，η_t 是时间趋势项，对所有国家都是相同的，$u_{i,t}$ 是随机干扰项。

由于进口和外商直接投资对当地经济增长的影响也会受到东道国某些条件如人力资本、收入水平等的影响，为了进一步检验这些吸收能力变量对技术外溢的影响，我们也按照通常的做法，在基本检验方程式（9－6）的基础上加入交互作用项。得到下面扩展的检验方程式：

$$\ln y_{i,t}=\psi\ln y_{i,t-1}+\beta_h\ln H_{i,t-1}+\beta_s\ln S_{t-1}+\beta_c\ln C_{t-1}+\beta_x\ln X_{i,t-1}+\beta_{xh}\ln X_{i,t-1}\times\ln H_{i,t-1}+\beta_{xs}\ln X_{i,t-1}\times\ln S_{i,t-1}+\beta_{xy}\ln X_{i,t-1}\times\ln y_{i,t-1}+f_i+\eta_t+u_{i,t}\qquad(9-7)$$

我们后面的实证检验将以基本方程式（9－6）和扩展方程式（9－7）为基础。

9.3　变量和数据说明

9.3.1　变量说明

劳均产出、人力资本、进口和外商直接投资等变量的构造和计算方法与第8章相同。投资率应该是总投资（资本形成总额）占总产出的比率，但是由于我国20世纪90年代以前的总投资数据不可得，同时考虑到固定资产投资占总投资的绝大部分，因此，我们用固定资产投资与总产出的比率来表示投资率。政府财政支出变量我们用各地区政府财政支出占当地总产出的比例来表示。

9.3.2　数据来源

本章的样本包括了1985—2005年我国28个省、自治区和直辖市（不包括海南、西藏，重庆市数据并入四川省）的面板数据。劳动力、GDP、进口额、外商直接投资额、劳动力受教育年限等数据同第8章，政府财政支出和固定资产投资等数据主要来自《新中国五十五年统计资料汇编》和各年度的《中国统计年鉴》。

9.4　实证检验方法和结果分析

9.4.1　计量方法说明

和第8章相同，我们的经验模型估计也采用动态面板数据一阶差分广义矩估计方法。和多数面板数据的估计一样，为了避免商业周期的影响，我们将样本以3年为期分为7个时间段。

按照动态面板数据一阶差分广义矩估计方法的要求，仍然对式（9－6）和式（9－7）做一些转换。现就式（9－6）说明如下：首先，为了去掉式（9－6）中的时间趋势项 η_t，对所有变量去掉时期均值，这样在回归时就无须加入时间虚拟变量。然后再通过一阶差分变换去掉地区固定效应项 f_i，可得：

$$\ln y_{i,t}-\ln y_{i,t-1}=\rho(\ln y_{i,t-1}-\ln y_{i,t-2})+\beta_h(\ln H_{i,t-1}-\ln H_{i,t-2})+\beta_s(\ln S_{i,t-1}-\ln S_{i,t-2})+\beta_x(\ln X_{i,t-1}-\ln X_{i,t-2})+\beta_c(\ln C_{i,t-1}-\ln C_{i,t-2})+(u_{i,t}-u_{i,t-1})$$

$$i=1,2,\cdots,28;t=3,4,\cdots,7 \quad (9-8)$$

为了解决解释变量的内生性问题，动态面板数据一阶差分广义矩估计法一般都需要采用工具变量，本章的工具变量是解释变量各自所有已知的值，即解释变量的二阶和二阶以上滞后值。所有估计都采用Sargan统计量来检验工具变量过度识别限制的有效性，其虚拟假设是工具变量的过度识别有效。在此假设下，Sargan统计量服从（$p-q$）个自由度的 χ^2 分布，这里 p 为工具变量的秩，q 为估计系数的个数。

对开放经济变量与其他变量的交互作用进行检验的式（9－7）的一阶差分转换与此类似，因此不再说明。

我们的估计以式（9－6）和式（9－7）为基础，为了便于比较，与第8章一样，我们在估计时也采用了总体平均人力资本，并用ln*TH*（－1）来表示其一阶滞后。

9.4.2 检验结果及分析

9.4.2.1 进口与经济发展关系的检验结果与分析

表9－1报告了以劳均产出（ln*y*）为被解释变量，ln*y*的一阶滞后、进口、人力资本及其他控制变量为解释变量的回归结果。表9－1中的第①至第⑤列是对式（9－6）的回归结果，第⑥至第⑨列为式（9－7）的回归结果。其中，第①列中的人力资本采用的是总体平均人力资本，其他列采用的是两个人力资本构成变量：中等教育程度人力资本和高等教育程度人力资本。从总体上看，Sargan统计量全部都不显著，过度识别有效，即该检验没有拒绝工具变量有效的虚拟假设，说明我们在动态面板数据一阶差分广义矩估计方法中采用的工具变量是有效的。

（1）人力资本［ln*TH*（－1）］和劳均产出。从第①列可以看出，总体平均人力资本在1%的显著性水平上与劳均产出成负相关关系。Vandenbussche等（2006）认为，不同的人力资本在经济增长中所起的作用会有所不同，因此，不同教育程度的人力资本不能混合作为一个整体来看待，我们在上一章的研究中也得到了同样的结果。为了更深入地了解总体平均人力资本和劳均产出负相关关系的来源，在表9-1第②至第⑨列的回归中都采用了人力资本构成变量。其中，中等教育程度人力资本回归系数的符号全部为负，且各列的回归系数都非常显著；与中等教育人力资本不同，高等教育人力资本的回归系数全部显著，且为正值。由此可见，造成总体平均人力资本与劳均产出负相关的原因主要是中等教育以下的人力资本。这再次证实了人力资本的不同部分确实存在很大的异质性，如果简单地将其作为一个整体看待，会得出错误的结论。为了检验人力资本构成变量对进口经济增长效应的作用，表9-1的第⑥至第⑧列分别包括了人力资本构成变量与进口的交互项，虽然上述交互项的回归系数具有较高的显著性水平，但均为负值。这说明，进口对国内劳均产出的促进作用并不依赖于当地的人力资本水平。

从上面的分析可见，对经济增长有促进作用的主要是高等教育人力资本，总体平均人力资本和中等教育人力资本与劳均产出之间呈负相关关系。只有高等教育人力资本才具有对劳均产出的促进作用，这说明人力资本对经济增长的作用也存在一定的教育水平"门槛"，当教育水平低于这个"门槛"时，其人力资本的技能水平不利于经济的发展，甚至成为经济发展的阻滞因素。只有当教育水平超过这个"门槛"时才能有效地促进技术进步和本地经济发展。

（2）进口［ln*m*（-1）］和劳均产出。在第①至第⑨列中，所有进口变量的回归系数都非常显著，且符号为正值，说明进口确实促进了我国劳均产出的增长。进口变量回归系数的数值在0.043~0.083之间。这一结果和我们对全要素生产率的回归结果是基本一致的，同时也说明进口主要通过提高我国的全要素生产率来促进劳均产出的增长。

我国是一个非技术前沿国家，对外经济开放促进了我国对世界前沿技术的吸收和利用。进口对经济增长的主要作用可以分为三类：第一，从发达国家进口的技术水平较高的设备、仪器等资本品代替了国内落后的相应的生产投入品，提高了效率，从而带来劳均产出的增加；第二，外国产品通过进口进入国内市场，促进了国内市场上的竞争，迫使国内企业投入更多的资金进行技术研发来提高自身的国际竞争力；第三，技术水平较高的发达国家的产品进入国内市场，为我国企业提供了更多学习和模仿的机会，通过对进口的高技术产品进行反求工程等活动也可以促进国内技术进步和产品升级。

（3）政府财政支出［ln*GOVEX*（-1）］、投资率［ln*R*（-1）］和劳均产出。在表9-1的第③至第⑤列我们分别将政府财政支出、投资率等控制变量加入回归方程。政府财政支出和投资率的回归系数都非常显著，且为正值，说明政府财政支出和投资率都显著地促进了我国地区劳均产出的增长。

（4）劳均产出的一阶滞后［ln*y*（-1）］和劳均产出。所有劳均产出的一阶滞后变量的回归系数都十分显著，且为正值。回归系数的数值大小比较稳定，保持在0.540~0.593，据此还可以根据公式$\psi = e^{-\lambda\tau}$，求出劳均产出收敛系数λ的值为0.174~0.205。这和前面条件收敛的理论预期是一致的，说明实际劳均产出与潜在劳均产出之间的距离越大，劳均产出增长的速度越快。由于Blomstrom等（1994）认为较高的人均收入有利于对外来技术的吸收，因此为了检验地方收入水平差异是否会影响进口对劳均产出的作用，第⑨列对劳均产出与进口变量之间的交互项进行了检验，结果回归系数为负值，但并不显著。可见，就本章的样本而言，进口对地方劳均产出的促进作用与当地的收入水平无关。

表 9－1　以进口为开放经济变量的动态面板数据一阶差分广义矩估计结果

	①	②	③	④	⑤	⑥	⑦	⑧	⑨
lny(－1)	0.540*** (0.009)	0.569*** (0.023)	0.591*** (0.028)	0.584*** (0.034)	0.591*** (0.029)	0.574*** (0.017)	0.579*** (0.023)	0.597*** (0.028)	0.593*** (0.030)
ln*TH*(－1)	－0.425*** (0.086)								
ln*S*(－1)		－0.412*** (0.061)	－0.232* (0.136)	－0.297*** (0.116)	－0.279*** (0.106)	－0.413*** (0.069)	－0.369*** (0.099)	－0.364*** (0.098)	－0.394*** (0.115)
ln*H*(－1)		0.059*** (0.015)	0.062*** (0.019)	0.050*** (0.018)	0.056*** (0.015)	0.064*** (0.016)	0.050* (0.024)	0.055** (0.024)	0.076*** (0.018)
ln*m*(－1)	0.068*** (0.004)	0.059*** (0.010)	0.043*** (0.005)	0.083*** (0.008)	0.060*** (0.007)	0.049*** (0.012)	0.056*** (0.014)	0.069*** (0.018)	0.080*** (0.014)
ln*GOVEX*(－1)			0.292*** (0.044)		0.169*** (0.041)				
ln*R*(－1)				0.136*** (0.034)	0.049* (0.029)				
ln*m*(－1)×ln *S*(－1)						－0.105*** (0.018)		－0.081+ (0.059)	
ln*m*(－1)×ln*H*(－1)							－0.052*** (0.019)	－0.056*** (0.023)	

（续上表）

	①	②	③	④	⑤	⑥	⑦	⑧	⑨
$\ln m(-1) \times \ln y(-1)$									-0.044 (0.039)
Sargan 检验	0.339	0.388	0.315	0.324	0.265	0.295	0.316	0.320	0.297
observations	140	140	140	140	140	140	140	140	140

注：表内数字为回归系数，括号内为标准误。***、**、*分别代表1%、5%、10%的显著性水平，+表示20%的显著性水平。工具变量是解释变量自身的二阶和二阶以上滞后值。Sargan检验的虚拟假设是工具变量的约束有效，表中给出的是概率值。

9.4.2.2 外商直接投资与劳均产出关系的检验结果与分析

表9－2报告了以劳均产出为被解释变量，以劳均产出、外商直接投资（ln*FDIY*）和其他控制变量的一阶滞后值为解释变量回归的结果。第①至⑤列是式（9－6）的回归结果。第⑥至第⑩列是对式（9－7）的回归结果。从总体上看，Sargan统计量全部不显著，说明动态面板数据一阶差分广义矩估计方法中采用的工具变量是有效的。

（1）人力资本［ln*TH*（－1）］和劳均产出。从表9－2第①列可以看出，总体平均人力资本在1%的显著性水平上与劳均产出成负相关关系。如前所述，人力资本不宜作为一个整体来对待，因此，表9－2的第①至第⑩列中采用了人力资本构成变量，其中，除了第⑤列显著性较差外，其他各列中等教育人力资本与劳均产出在1%的显著性水平上成负相关关系；高等教育人力资本的回归系数除了第⑤列显著性较差之外，其他各列的回归结果都表明该变量与劳均产出呈显著正相关关系。可见，与进口回归相同，人力资本只有高等教育人力资本才促进了劳均产出水平的增长。

（2）外商直接投资［ln*FDIY*（－1）］和劳均产出。外商直接投资的回归结果很不稳定，全部回归中，共有8列的回归系数为正值（其中第③至第⑤列显著），有两列为负值，但不显著，而且系数值也非常小。即使是显著为正的系数，也只有0.01左右，也就是说，如果外商直接投资促进了我国经济增长，其作用也应该很小。因此，我们判断外商直接投资对劳均产出有一定的促进作用，即外商直接投资具有一定的增长效应，但这种作用比较小。

（3）政府财政支出、投资率和劳均产出。在表9－2的第③至第⑤列中包含了控制变量，政府财政支出和投资率的回归系数都显著为正值，且系数值较大，说明政府财政支出和投资率都显著地促进了我国劳均产出水平的提高。这和前面进口回归方程的结果是一致的。

（4）劳均产出的滞后项ln*y*（－1）与劳均产出。与进口回归方程一样，外商直接投资回归方程中劳均产出一阶滞后项的回归系数都非常显著，且为正值。系数值的大小也非常稳定，保持在0.545～0.612之间，相应地也可以求出收敛系数λ的值在0.164～0.202之间。λ的值为正意味着我国劳均产出存在条件收敛。

（5）吸收能力与劳均产出。许多文献认为外商直接投资对经济增长的作用受东道国或地区吸收能力的影响，如人力资本（Borensztein et al.，1998）、收入水平（Blomstrom et al.，1994）、贸易开放度（Balasubramanyam et al.，

1996）等。为了检验上述变量的影响，我们在第⑥至第⑧三列的回归中包含了人力资本构成变量与外商直接投资的交互项，其中，中等教育人力资本与外商直接投资交互项的回归系数为正值，而高等教育人力资本与外商直接投资交互项的回归系数为负值，虽然各有一列的回归系数显著，但结果缺乏稳健性。第⑨列考察了以劳均收入为度量的吸收能力，第⑩列检验了贸易开放度与外商直接投资的交互项，但回归系数都不显著。由此可见，与上述结果不同，在对模型的内生性加以控制的条件下，人力资本构成、收入水平和贸易开放度的不同都没有显著地改善外商直接投资对劳均产出的影响，外商直接投资与劳均产出的关系具有相对的独立性。

从上述检验结果我们可以得出两点结论：首先，我们再次证实了人力资本中只有高等教育人力资本促进了我国地区劳均产出的提高；其次，与许多文献不同（赖明勇等，2005；沈坤荣，耿强，2001），我们没有发现外商直接投资对地区劳均产出产生非常稳健的促进作用，这说明外商直接投资对我国经济增长的作用即使存在，其作用应该是非常小的。结合我们前面对于全要素生产率的分析，我们认为外商直接投资对我国收入水平的提高有一定的增长效应，但不具有显著的技术外溢效应。外商直接投资对我国劳均产出的提高可能通过对上下游产业的联系效应和对国内资本的挤入效应来实现的。我们认为，导致这一不同结果的原因是我们对相关变量的内生性进行了有效的控制，而上述文献都没有对解释变量的内生性进行处理。

表 9－2　以外商直接投资为开放经济变量的动态面板数据一阶差分广义矩估计结果

	①	②	③	④	⑤	⑥	⑦	⑧	⑨	⑩
ln*y*(－1)	0. 545*** (0. 054)	0. 601*** (0. 031)	0. 608*** (0. 038)	0. 597*** (0. 027)	0. 612*** (0. 054)	0. 56[illegible]*** (0. [illegible]23)	0. 588*** (0. 031)	0. 579*** (0. 030)	0. 560*** (0. 026)	0. 572*** (0. 038)
ln*TH*(－1)	－0. 734*** (0. 132)									
ln*S*(－1)		－0. 528*** (0. 031)	－0. 212*** (0. 085)	－0. 484*** (0. 052)	－0. 182+ (0. 134)	－0. 5[illegible]1*** (0. [illegible]50)	－0. 459*** (0. 070)	－0. 464*** (0. 065)	－0. 514*** (0. 066)	－0. 484*** (0. 059)
ln*H*(－1)		0. 055*** (0. 016)	0. 042*** (0. 013)	0. 051*** (0. 014)	0. 030++ (0. 021)	0. 07[illegible]*** (0. [illegible]13)	0. 045* (0. 025)	0. 053** (0. 028)	0. 070*** (0. 017)	0. 076*** (0. 015)
ln*FDIY*(－1)	－0. 005 (0. 005)	0. 001 (0. 003)	0. 012*** (0. 004)	0. 010*** (0. 003)	0. 013** (0. 006)	0. [illegible]03 (0. [illegible]04)	0. 004 (0. 004)	0. 005 (0. 005)	0. 001 (0. 006)	－0. 001 (0. 004)
ln*GOVEX*(－1)			0. 342*** (0. 034)		0. 345*** (0. 056)					
ln*R*(－1)				0. 138*** (0. 026)	0. 053* (0. 033)					
ln*FDIY*(－1) × ln*S*(－1)						0. 0[illegible]6** (0. [illegible]13)		0. 035 (0. 028)		
ln*FDIY*(－1) × ln*H*(－1)							－0. 007 (0. 008)	－0. 016++ (0. 011)		

（续上表）

	①	②	③	④	⑤	⑥	⑦	⑧	⑨	⑩
ln*FDIY*(−1) × ln*y*(−1)									−0.016 (0.027)	
ln*FDIY*(−1) × ln*m*(−1)										−0.031 (0.027)
Sargan 检验	0.469	0.450	0.496	0.392	0.413	0.441	0.504	0.259	0.344	0.311
observations	140	140	140	140	140	140	140	140	140	140

注：表内数字为回归系数，括号内为标准误。***、**、*分别代表1%、5%、10%的显著性水平，++、+分别表示15%和20%的显著性水平。工具变量是解释变量自身的二阶和二阶以上滞后值。Sargan检验的零假设是工具变量的约束有效，表中给出的是概率值。

9.5 小 结

本章我们通过构造一个开放经济条件下的动态面板数据计量模型，运用一阶差分广义矩估计方法和1985—2005年我国28个省、自治区和直辖市的面板数据检验了进口、外商直接投资、人力资本及其构成、政府财政支出、投资率以及以不同指标度量的本地吸收能力对劳均产出的作用。结果发现，进口显著地促进了劳均产出的增长，但不同层次人力资本中只有高等教育人力资本促进了地区劳均产出的提高，总体平均人力资本、中等教育人力资本与劳均产出之间的相关关系都显著为负，说明人力资本构成变量的不同水平之间存在异质性，不能作为一个整体来看待；外商直接投资对地区收入水平的提高有一定的促进作用，但这种作用比较小；政府财政支出和投资率对我国地区收入水平的提高有较大的促进作用；我们也对以人力资本构成、国内收入水平以及贸易开放度等度量的吸收能力指标进行了检验，结果表明，进口和外商直接投资对地区收入水平的促进作用独立于上述变量。

10 结论和研究展望

10.1 主要结论

本书研究了开放经济条件下中国地区收入差异的演变、分解与动因。地区生产率差距问题其实就是地区收入或发展差距问题，作为收入差距度量的劳均产出其实质就是劳动生产率，而全要素生产率则是影响劳动生产率的主要因素之一，在新古典平衡增长路径上，劳动生产率的增长完全来自全要素生产率的增长。因此，本书的主线沿着劳均产出和全要素生产率两个变量展开。本书的主体部分（第3章到第9章）主要由7篇彼此紧密联系的文章构成，每一章都可以独立成篇，但又相互关联，分别从不同的角度按照逐步深入的原则分析了关于我国地区收入差距的问题。

第2章主要回顾了有关生产率以及跨国和跨地区收入差距研究的相关文献。在此基础上，第3章研究了1952—2005年我国地区劳均产出的历史演变、动态分布和发展趋势。首先通过核密度函数分析了我国劳均产出分布的历史演变，然后通过遍历分布和方差分解分析初步探讨了物质资本积累、全要素生产率和劳均产出之间的关系。我们发现，自新中国成立以来，我国地区劳均产出经历了从单峰分布到多峰分布，再到双峰分布的演变过程。从遍历分布来看，改革开放前后地区劳均产出的收敛模式差异很大，改革开放前为偏向低劳均产出的双峰收敛，而改革开放后为偏向高劳均产出的双峰收敛。从总的趋势看，改革开放后地区收入发展的结果是令人鼓舞的，除了少数地区外，多数地区将会向高收入区间收敛。此外，遍历分布分析和方差分解分析都说明全要素生产率是决定我国地区收入差距的主要因素。

第4章采用新古典发展核算方法结合方差分解分析来研究要素积累和全要素生产率对地区收入差距的贡献。无论是统计分析还是方差分解分析都证实全要素生产率是我国地区收入差距的主要来源，我们也验证了上述结果对资本产出弹性的敏感性，证实在可信的取值范围内，这一结果是稳健的。

在第5章中，我们放松生产函数假设，采用了规模报酬可变的DEA方法进一步对上述结论进行检验，结果再次证实全要素生产率仍然是决定地区收入差距的主要因素，其组成部分效率变化和技术进步对地区收入差距的贡献高达2/3，另外的1/3来自于要素投入的直接贡献。同时，研究还发现，要素禀赋结构和技术进步之间存在重要的联系，技术进步对于要素禀赋结构而言是非中性的。

在前面第3、4、5章水平分析的基础之上，第6章进行增长率分析，在采用Malmquist指数法将全要素生产率增长率分解为技术进步变化、效率变化（包括纯效率变化和规模效率变化）之后，结合绝对收敛分析和核密度函数分析研究了全要素生产率增长率及其构成对地区劳均产出的影响。分析表明，全要素生产率（主要是其中的技术进步）是我国地区经济增长的重要源泉，但对地区收入差距的影响在不同时期有所差别。虽然平均而言效率变化对全要素生产率增长的贡献较小，但对部分地区的影响很大，效率变化表现出明显的地域性特征。

第7章采用参数的随机前沿生产函数法分析了中国地区要素配置效率对全要素生产率的影响，并与张军等（2004）的研究做了比较分析，然后探讨了影响要素配置效率的主要原因。研究发现全要素生产率增长主要来源于技术进步，技术效率和规模报酬的影响较小。其次，要素配置效率对全要素生产率确实有较大的影响，但与张军等（2004）不同，本章发现要素配置效率的贡献为负值，在资本增长率大于劳动增长率的条件下，这一结论符合我国实际劳动报酬低于其真实贡献的事实。最后，回归分析表明要素配置非效率的原因是要素价格扭曲、资本对劳动的过度替代以及政府的干预等。

第8章和第9章将分析拓展到开放经济条件之下。其中，第8章首先研究开放经济条件下地区全要素生产率的决定问题。结果发现，进口和国内研发存量都显著地促进了全要素生产率水平的提高，但不同层次人力资本中只有高等教育人力资本促进了全要素生产率水平的提高，总体上来说平均人力资本、中等教育人力资本与全要素生产率之间的相关关系都显著为负，说明人力资本对全要素生产率的影响存在“门槛效应”；我们也对以人力资本、国内研发存量、收入水平以及综合技术水平等为指标的吸收能力进行了检验，结果表明，只有作为综合技术水平的全要素生产率促进了以进口为渠道的国际技术外溢。不过，与多数文献不同，我们没有发现外商直接投资对全要素生产率的显著促进作用，且这一结果不以各地区人力资本、国内研发存量、收入水平、贸易开放度和综合技术水平的不同而有所区别。

第9章进一步研究开放经济条件下地区劳均产出的决定，分析表明，进口显著地促进了劳均产出的增长，但不同层次人力资本中只有高等教育人力资本促进了地区劳均产出的提高，总体上来说平均人力资本、中等教育程度人力资本与劳均产出之间的相关关系都显著为负，这再次说明了人力资本构成变量的不同水平之间存在异质性；外商直接投资对地区收入水平的提高有一定的促进作用，但这种作用比较小，结合第8章的分析结果，说明外商直接投资对劳均产出的影响不是通过技术外溢，而是联系效应等其他机制；政府财政支出和投资率对我国地区收入水平的提高有较大的促进作用；在对以人力资本、国内收入水平以及贸易开放度等为指标的吸收能力进行的检验中，我们发现进口和外商直接投资对地区收入水平的促进作用独立于上述变量。

10.2 政策意义

本书的实证结论具有重要的政策含义，主要体现在以下几个方面：

第一，我们用四种不同的分析方法证实全要素生产率确实是造成我国地区收入差距的主要原因，但要素禀赋又是影响技术进步的重要因素。因此，作为非技术前沿的发展中国家，不管是缩小与发达国家的差距以实现经济赶超，还是要缩小我国地区间的收入差距，提高要素投入的禀赋结构都是一个重要的前提条件。如果没有较高的人力资本和物质资本积累水平，落后地区即使可以获得国际先进的技术和设备，但由于存在技术适宜性的原因，也无法有效地进行生产。实际上，我国中、西部落后地区与东部较发达地区在物质资本和人力资本方面存在巨大的差距，而物质资本方面的差距更大。如果这一差距无法得到有效的控制，则很难缩小地区收入差距。效率变化也是我国地区收入差距的重要来源，在改善要素禀赋结构的同时，还应该通过减少垄断、寻租、腐败、要素流动障碍等可能影响效率水平的因素来减少落后地区的效率损失。

第二，进口是我国目前获取国外先进技术的主要渠道，也是实现经济赶超的另一个重要条件。改革开放以来的我国经济实践已经证实对外开放在经济增长中的重要性。落后地区不但在物质资本和人力资本积累水平方面与东部较发达地区存在巨大的差距，而且在经济开放度方面也远远落后于东部地区。由于社会综合技术水平高的地区具有较强的吸收能力，能够从进口中获得更多的技术进步，也就是说，进口强化了地区全要素生产率水平的差距，也强化了地区收入差距的扩大。因此，要缩小我国地区技术和收入差距，不但要加大技术落后地区的开放力度，更重要的是提高本地的综合技术吸收能力。

第三，人力资本是我国技术进步和经济增长的重要源泉，但其作用存在“门槛效应”。本书的研究说明提高高等教育水平是提高人力资本对我国经济发展促进作用的关键。虽然中等教育人力资本与全要素生产率的关系负相关，但也不应该忽视中等教育，因为中等教育是高等教育的基础，只有实现了中等教育和高等教育的有效衔接，才能避免青少年过早进入劳动力市场，提高我国的高等教育水平。发展高等教育首先要加大高等教育投入。虽然近年来我国公共教育投入占 GDP 的比例有所提高，但在全球排名中仍然比较落后，甚至低于发展中国家的平均水平。除了加大政府的高等教育投入以外，还要扩大高等教育经费的筹措渠道，通过校企合作，社会、企业和个人的资助以及捐赠等方式来拓宽经费来源；要提高高等教育人力资本的投资回报率。高等教育不但可以作为生产要素进入生产函数，还可通过提高技术进步来促进经济增长。高等教育的个人收益可能是递减的，但社会收益是递增的。近年来我国大学扩大招生规模以后，出现了大学生初次就业收入下降和就业难等问题，这些现象都会影响社会和家庭对高等教育投入的积极性。应该认识到，与许多国家相比，我国目前的劳动力队伍中大学生所占的比例还很小，大学生就业难的问题主要是由我国目前偏重劳动密集型的产业结构造成的。因此，要提高高等教育的投资回报率，就必须加快我国产业结构的升级和优化转型，大力发展知识和技术密集型产业，如软件、咨询、法律服务和金融等，提高社会吸纳高等教育人力资本的能力。

第四，研发是创新的源泉，国内研发存量是促进我国技术进步的重要因素。虽然我们没有发现研发的两面性，但并不意味着研发对吸收能力没有贡献，研发和其他因素一起促进了综合技术水平，因此间接地提高了吸收能力。这也可能说明我国研发投入和所引进的国外技术之间存在不相匹配的情况。因此，我国在加大研发投入的同时还要提高国内研发存量和引进技术之间的适配性，对于引进的先进技术可以配备适当的研发资金和技术人才，还可以通过反求工程等方法加强对引进技术的消化和吸收，实现引进技术的本土化，使之与我国要素禀赋结构相适宜，从而提高生产效率。作为一个非技术前沿的发展中国家，如果引进技术的成本较低，完全可以采用技术引进的方法；但对于核心技术，则只有通过自主研发来获取。因此，必须在自主创新和技术引进吸收之间做出适当的平衡。

第五，本书的研究发现外商直接投资与我国全要素生产率显著负相关，但对地区收入水平有一定的促进作用，这一结果提醒我们要重新检视我国对外商投资企业的相关政策。中央和地方政府为了吸引外资出台了很多的优惠政策，外资企业在中国许多地区甚至获得了“超国民待遇”。我们的研究结果说明，外商直接投资对东道国技术进步的促进作用可能取决于许多条件，当这些条件不具备时，其技术外溢效应发挥不出来。同时，外资也会带来很多的负面效应（如对本地企业的挤出效应、市场扭曲效应等），如果负面效应超过了正面效应，不但不会促进我国的技术进步和经济发展，反而会受到外来经济的制约，失去竞争能力和发展机会，成为全球价值链上最廉价的“世界车间”。正如 Carkovic 和 Levine（2002）所说，许多文献发现的外商直接投资与经济增长之间的正相关关系可能仅仅是经济成功的标志，是促进经济增长的合理政策为外商直接投资创造了具有吸引力的发展环境，而不是相反。多年来我国一直遵循“以市场换技术”的引资思路，其逻辑就是外商投资企业会给我们带来先进的管理和技术。如果技术外溢这一前提条件不成立，那么以此为基础的政策就值得商榷了。

10.3 研究展望

经济学研究是一个循序渐进的过程，本书的研究也只是我国地区生产率差异研究进程中的一个环节。限于时间和精力的关系，我们也遗留了很多有价值的研究问题和方向。本书的研究还可以在以下几个方面加以深化：

第一，经济增长和发展是个非常复杂的过程，影响因素非常之多，我们只是从生产率的角度来分析我国地区发展差距及其决定，而且在研究中我们只是考虑了若干主要变量，由于受限于现有的分析工具，还有许多重要的因素没有被考虑进来。例如，产业结构对我国地区生产率有重要的影响。由于受农村家庭承包责任制度的限制，在农业机械化难以实现之前，农业生产率的提高将是非常缓慢的，而作为以农业占产出比重较高的中、西部地区，农业束缚了太多的劳动力，这显然会影响中、西部地区生产率的提高。将来的研究应该将这些重要因素考虑进来。

第二，虽然在第6章我们将全要素生产率分解为技术进步变化和效率变化等成分，但是由于我们得到的是各成分的变化率，所以在随后的全要素生产率决定分析中没有采用其构成，而是仍然将全要素生产率作为广义技术进步的代表来研究，因此缺乏对全要素生产率的构成成分技术进步变化和效率变化等的决定因素及其作用机制的考察。如果能够在这一方面有所突破显然可以进一步细化我们的研究。此外，我们在第6章发现效率变化在不同时期表现出明显的地域性特征，西部地区和中部地区在特定时期出现了明显的效率下滑，研究这些地区效率下滑的原因对于提高这些地区的经济绩效、缩小地区发展差距显然具有重要的实践意义。

第三，在对开放经济条件下劳均产出和全要素生产率的研究中，我们只采用了我国宏观加总数据进行实证分析，我们的结论还需要更多行业和企业层面的数据加以检验，这样得出的结论具有更好的稳健性，对我国的经济实践无疑具有更好的指导意义。

第四，我们虽然以适宜技术理论为基础初步探讨了全要素生产率和要素积累之间的关系，但对它们之间的作用机制还不十分了解，而且无法采用数理方法加以形式化。研究全要素生产率与要素积累之间的关系显然具有重要的意义，这既关系到经济增长模式的讨论，也涉及对于经济增长源泉的探讨，如果能够在这一领域得出有意义的结论，就可以进一步加深我们对于经济增长体系的理解。

参考文献

1. Abramovitzal M. . Catching Up, Forging Ahead and Falling Behind [J]. *The Journal of Economic History*, 1986, 46 (2): 385 -406.

2. Acemoglu D. , Zilbotti F. . Productivity Differences [J]. *Quarterly Journal of Economics*, 2001, 116 (2): 563 -606.

3. Acemoglu D. , Johnson S. , Robinson J. . The Colonial Origins of Comparative Development: An Empirical Investigation [J]. *The American Economic Review*, 2001, 91 (5): 1369 -1401.

4. Aghion P. , Howitt P. . A Model of Growth Through Creative Destruction [J]. *Econometrica*, 1992, 60 (2): 323 -351.

5. Aghion P. , Howitt P. . Endogenous Growth Theory [M]. Cambridge, MA: The MIT Press, 1998.

6. Aigner D. J. , Lovell C. A. K. , Schmidt P. . Formulation and Estimation of Stochastic Frontier Production Function Models [J]. *Journal of Econometrics*, 1977, 6 (1): 21 -37.

7. Aitken B. J. , Harrison A. E. . Do Domestic Firms Benefit from Direct Foreign Investment? Evidence from Venezuela [J]. *Journal of Economic Literature*, 1999, 89 (3): 605 -618.

8. Aiyar S. , Feyrer J. . A Contribution to the Empirics of Total Factor Productivity [Z]. Dartmouth College, 2002.

9. Alfaroa L. , Chandab A. , Kalemli-Ozcan S. et al. . FDI and Economic Growth, the Role of Local Financial Markets [J]. *Journal of International Economics*, 2004, 64 (1): 89 -112.

10. Anderson G. . Making Inferences About the Polarization, Welfare, and Poverty of Nations: A Study of 101 Countries 1970—1995 [J]. *Journal of Applied Econometrics*, 2003, 19 (5): 537 -550.

11. Bai C-E., Hsieh C-T., Qian Y.. The Return to Capital in China [J]. *Brookings Papers on Economic Activity*, 2006, 37 (2): 61 - 102.

12. Balasubramanyam V. N., Salisu M., Sapsford D.. *Foreign Direct Investment and Growth: New Hypotheses and Evidence* [Z]. Discussion Paper EC7/96, Lancaster University, 1996.

13. Barro R. J., McCleary R. M.. Religion and Economic Growth Across Countries [J]. *American Sociological Review*, 2003, 68 (5): 760 - 781.

14. Barro R., Sala-i-Martin X.. Convergence [J]. *Journal of Political Economy*, 1992, 100 (6): 223 - 251.

15. Barro R. J.. *Determinants of Economic Growth: A Cross-country Empirical Study* [M]. Cambridge, MA: The MIT Press, 1997.

16. Barro R. J.. Economic Growth in a Cross Section of Countries [J]. *The Quarterly Journal of Economics*, 1991, 106 (2): 407 - 443.

17. Basu S., Weil D. N.. Appropriate Technology and Growth [J]. *Quarterly Journal of Economics*, 1998, 113 (4): 1025 - 1054.

18. Baumol W. J.. *Business Behavior, Value and Growth* [M]. New York: Harcourt Brace Jovanovich, 1967.

19. Bayoumi T., Coe D. T., Helpman E.. R & D Spillovers and Global Growth [J]. *Journal of International Economics*, 1999, 47 (2): 399 - 428.

20. Benhabib J., Spiegel M.. Human Capital and Technology Diffusion [A]. In P. Aghion and S. Durlauf (eds.). *Handbook of Economic Growth* [M]. Amsterdam: Elselvier North Holland, 2005.

21. Benhabib J., Spiegel M.. The Role of Human Capital in Economic Development: Evidence from Aggregate Cross-country Data [J]. *Journal of Monetary Economics*, 1994, 34 (2): 143 - 174.

22. Bianchi M.. Testing for Convergence: Evidence from Non-Parametric Multimodality Tests [J]. *Journal of Applied Econometrics*, 1997, 12 (4): 393 - 409.

23. Bils M., Klenow P.. Does Schooling Cause Growth? [J]. *American Economic Review*, 2000, 90 (5): 1160 - 1183.

24. Blomstrom M., Lipsey R., Zejan M.. What Explains the Growth of Developing Countries? [A] in W. Baumol, R. Nelson and E. Wolff (eds). *Convergence of Productivity: Cross-national Studies and Historical Evidence* [M]. Oxford: Oxford

University Press, 1994.

25. Borensztein E., Gregorio J. D., Lee J-W.. How Does Foreign Direct Investment Affect Economic Growth? [J]. *Journal of International Economics*, 1998, 45 (1): 115 - 135.

26. Brock W. A., Durlauf S. N.. Growth Empirics and Reality [J]. *World Bank Economic Review*, 2001, 15 (2): 229 - 272.

27. Brock W., Durlauf S.. Interactions-based Models [A]. In Heckman J., Leamer E. (eds.). *Handbook of Econometrics*. Amsterdam: North-Holland, 2001.

28. Brock W., Durlauf S., West K.. Policy Evaluation in Uncertain Economic Environments [J]. *Brookings Papers on Economic Activity*, 2003, 20 (1): 235 - 322.

29. Carkovic M., Levine R.. *Does Foreign Direct Investment Accelerate Economic Growth*? [Z]. Working Paper, University of Minnesota, 2002.

30. Carlaw K. I., Lipsey R. G.. Productivity, Technology and Economic Growth: What is the Relationship? [J]. *Journal of Economic Surveys*, 2003, 17 (3): 457 - 495.

31. Caselli F.. Accounting for Cross-country Income Differences [M]. In P. Aghion and S. Durlauf (eds.). *Handbook of Economic Growth*. Amsterdam: Elselvier North Holland, 2005.

32. Caselli F., Esquivel G., Lefort F.. Reopening the Convergence Debate: A New Look at Cross-country Growth Empirics [J]. *Journal of Economic Growth*, 1996, 1 (3): 363 - 390.

33. Chen E. K. Y.. The Total Factor Productivity Debate: Determinants of Economic Growth in East Asia [J]. *Asian Pacific Economic Literature*, 1997, 11 (1): 18 - 38.

34. Chow G. C., Lin A.. Accounting for Economic Growth in Taiwan and Mainland China [J]. *Journal of Comparative Economics*, 2002, 30 (3): 507 - 530.

35. Christensen L. R., Cummings D., Jorgenson D. W.. Relative Productivity Levels: 1947 - 1973 [J]. *European Economic Review*, 1981, 16 (1): 61 - 94.

36. Coe D. T., Helpman E.. International R & D Spillovers [J]. *European Economic Review*, 1995, 39 (5): 859 - 887.

37. Coe D. T., Helpman E., Hoffmaister A. W.. North-south R&D Spillovers [J].

Economic Journal, 1997, 107 (440): 134 -149.

38. Coelli T.. *A Guide to Frontier Version* 4.1: *A Computer Program for Stochastic Frontier Production and Cost Function Estimation* [Z]. CEPA Working Paper 96/07, Armidale: Australia, 1996.

39. Coelli T., Rao P., Battase E.. *An Introduction to Efficiency and Productivity Analysis* [M]. Boston: Kluwer Academic Publishers, 1998.

40. Cohen W., Levinthal D.. Innovation and Learning: The Two Faces of R & D [J]. *Economic Journal*, 1989, 99 (9): 569 -596.

41. Diewert E., Lawernce D.. *Measuring New Zealand's productivity* [Z]. Working Papers, Wellington, New Zealand Treasury, 1999.

42. Diewert W. E., Lawrence D.. *Progress in Measuring the Price and Quantity of Capital* [Z]. Discussion Paper 99 -17, Department of Economics, University of British Columbia, Vancouver, Canada, 1999.

43. Doppelhofer G., Miller R., Sala-i-Martin X.. Determinants of Long-term Growth: A Bayesian Averaging of Classical Estimates (BACE) Approach [J]. *American Economic Review*, 2004, 94 (4): 813 -835.

44. Durham B. J.. Absorptive Capacity and the Effects of Foreign Direct Investment and Equity Foreign Portfolio Investment on Economic Growth [J]. *European Economic Review*, 2004, 48 (2): 285 -306.

45. Durlauf S., Johnson P., Temple J.. Growth Econometrics [A]. In Aghion and Durlauf. *Handbook of Economic Growth*. Amsterdam: North Holland, 2005.

46. Durlauf S., Johnson P.. Multiple Regimes and Cross-country Growth Behavior [J]. *Journal of Applied Econometrics*, 1995, 10 (4): 365 -384.

47. Easterly W., Levine R.. It's Not Factor Accumulation: Stylized Facts and Growth Models [J]. *World Bank Economic Review*, 2001, 15 (2): 177 -220.

48. Easterly W., Kremer M., Pritchett L. et al.. Good Policy or Good Luck? Country Growth Performance and Temporary Shocks [J]. *Journal of Monetary Economics*, 1993, 32 (3): 459 -483.

49. Fare R., Grosskopf S., Norris M. et al.. Productivity Growth, Technical Progress, and Efficiency Change in Industrialized Countries [J]. *American Economic Review*, 1994, 84 (1): 66 -83.

50. Feder G.. On Export and Economic Growth [J]. *Journal of Development*

Economics, 1982, 12 (1): 59-73.

51. Feenstra Robert C.. Trade and Uneven Growth [J]. *Journal of Development Economics*, 1996, 49 (1): 229-256.

52. Fernandez C., Ley E., Steel M.. Model Uncertainty in Cross-country Growth Regressions [J]. *Journal of Applied Econometrics*, 2001, 16 (5): 563-576.

53. Feyrer J.. *Convergence by Parts* [Z]. Mimeo, Dartmouth College, 2003.

54. Fiaschi D., Lavezzi A.. Distribution Dynamics and Nonlinear Growth [J]. *Journal of Economic Growth*, 2004, 8 (4): 379-401.

55. Frankel J., Romer D.. Does Trade Cause Growth? [J]. *American Economic Review*, 1999, 89 (3): 379-399.

56. Friedman M.. Do Old Fallacies Ever Die? [J]. *Journal of Economic Literature*, 1992, 30 (4): 2129-2132.

57. Gallup J., Mellinger A., Sachs J.. *The Economic Burden of Malaria* [Z]. Working Paper, Harvard University, Center for International Development, 2000.

58. Goetz S., Hu D.. Economic Growth and Human Capital Accumulation: Simultaneity and Expanded Convergence Tests [J]. *Economic Letters*, 1996, 51 (1): 355-362.

59. Griffith R., Redding S., Reenen J. V.. Mapping the Two Faces of R & D: Productivity Growth in a Panel of OECD Industries [J]. *The Review of Economics and Statistics*, 2004, 86 (4): 883-895.

60. Griliches Z.. Productivity, R & D, and the Basic Research at the Firm Level in the 1970's [J]. *American Economic Review*, 1986, 76 (1): 141-154.

61. Grossman G. M., Helpman E.. *Innovation and Growth in the Global Economy* [M]. Cambridge: MIT Press, 1991.

62. Haddad M., Harrison A.. Are There Positive Spillovers from Direct Foreign Investment? Evidence from Panel Data for Morocco [J]. *Journal of Development Economics*, 1993, 42 (1): 51-74.

63. Hall R. E., Jones C. I.. Why Do Some Countries Produce So Much Morn Output per Worker than Others? [J]. *Quarterly Journal of Economics*, 1999, 114 (1): 83-116.

64. Hansen B. E.. Sample Splitting and Threshold Estimation [J]. *Econometrica*, 2000, 68 (3): 575-603.

65. Henderson D. J. , Russell R. R. . Human Capital and Convergence: A Production-frontier Approach [J]. *International Economic Review*, 2005, 46 (4): 1167 -1205.

66. Henderson D. J. , Tochkov K. , Badunenko O. . A Drive up the Capital Coast? Contributions to Post-reform Growth Across Chinese Provinces [J]. *Journal of Macroeconomics*, 2007, 29 (3): 569 -594.

67. Hoover K. , Perez S. . Truth and Robustness in Cross-country Growth Regressions [J]. *Oxford Bulletin of Economics and Statistics*, 2004, 65 (5): 765 -798.

68. Howitt P. . Endogenous Growth and Cross-country Income Differences [J]. *American Economic Review*, 2000, 90 (4): 829 -846.

69. Hsieh C. T. . What Explains the Industrial Revolution in East Asia? Evidence from the Factors Markets [J]. *The American Economic Review*, 2002, 92 (3): 502 -526.

70. Islam N. . Growth Empirics: A Panel Data Approach [J]. *Quarterly Journal of Economics*, 1995, 110 (4): 1127 -1170.

71. Jerzmanowski M. . Total Factor Productivity Differences: Appropriate Technology vs. Efficiency [J]. *European Economic Review*, 2007, 51 (8): 2080 -2110.

72. Jian T. L. , Sachs J. D. , Warner A. M. . Trends in Regional Inequality in China [J]. *China Economic Review*, 1996, 7 (1): 1 -21.

73. Johnson P. . *A Continuous State Space Approach to Convergence by Parts* [Z]. Mimeo, Vassar College, 2004.

74. Jones C. I. . Time Series Test of Endogenous Growth Models [J]. *The Quarterly Journal of Economics*, 1995, 110 (2): 495 -525.

75. Jones C. I. . Sources of U. S. Economic Growth in a World of Ideas [J]. *American Economic Review*, 2002, 92 (1): 220 -239.

76. Jorgenson D. W. , Griliches Z. . The Explanation of Productivity Change [J]. *Review of Economic Studies*, 1967, 34 (3): 249 -283.

77. Kao C. , Cheng M. H. , Chen B. . International R & D Spillovers: An Application of Estimation and Inference in Panel Cointegration [J]. *Oxford Bulletin of Economics and Statistics*, 1999, 61 (1): 691 -709.

78. Keller W. . Absorptive Capacity: On the Creation and Acquisition of Technology in Development [J]. *Journal of Development Economics*, 1996, 49

(1): 199 - 227.

79. Keller W.. Are International R & D Spillovers Trade-related? Analyzing Spillovers Among Randomly Matched Trade Partners [J]. *European Economic Review*, 1998, 42 (8): 1469 - 1481.

80. Kim J., Lau L.. The Sources of Economic Growth of the East Asian Newly Industrialized Countries [J]. Journal of Japanese and International Economies, 1994, 8 (3): 235 - 271.

81. Klenow P., Rodriguez-Clare A.. The Neoclassical Revival in Growth Economics: Has It Gone Too Far? [J]. *NBER Macroeconomics Annual*, 1997, 12: 73 - 103.

82. Knack S., Keefer P.. Institutions and Economic Performance: Cross-country Tests Using Alternative Institutional Measures [J]. *Economics and Politics*, 1995, 7 (3): 207 - 227.

83. Krugman P.. Myth of Asia's Miracle [J]. *Foreign Affairs*, 1994, 73 (6): 62 - 78.

84. Kumar S., Russell R. R.. Technological Change, Technological Catch-up and Capital Deepening: Relative Contributions to Growth and Convergence [J]. *American Economic Review*, 2002, 92 (3): 527 - 548.

85. La Porta R., Lopez-de-Silanes F., Pop-Eleches C. et al.. Judicial Checks and Balances [J]. *The Journal of Political Economy*, 2004, 112 (2): 445 - 470.

86. La Porta R., Lopez-de-Silanes F., Shleifer A. et al.. Trust in Large Organizations [J]. *American Economic Review*, 1997, 87 (2): 333 - 338.

87. Leamer E.. *Speciation Searches: Ad Hoc Inference with Nonexperimental Data* [M]. Wiley: New York, 1978.

88. Leamer E.. Let's Take the Con out of Econometrics [J]. *American Economic Review*, 1983, 73 (1): 31 - 43.

89. Leamer E., Leonard H.. Reporting the Fragility of Regression Estimates [J]. *Review of Economics and Statistics*, 1983, 65 (2): 306 - 317.

90. Levine R., Renelt D.. A Sensitivity Analysis of Cross-country Growth Regressions [J]. *American Economic Review*, 1992, 82 (4): 942 - 963.

91. Los B., Timmer M. P.. The "Appropriate Technology" Explanation of Productivity Growth Differentials: An Empirical Approach [J]. *Journal of Development Economics*, 2005, 77 (2): 517 - 531.

92. Lucas R.. On the Mechanics of Economic Development [J]. *Journal of Monetary Economics*, 1988, 22 (1): 3-42.

93. Lumenga-Neso O., Olarreaga M., Schiff M.. On "Indirect" Trade-related R & D Spillovers [J]. *European Economic Review*, 2005, 49 (7): 1785-1798.

94. Madsen B. J.. Technology Spillover Through Trade and TFP Convergence: 135 Years of Evidence for the OECD Countries [J]. *Journal of International Economics*, 2007, 72 (2): 464-480.

95. Mankiw N. G., Romer D., Weil D. N.. A Contribution to the Empirics of Economic Growth [J]. *Quarterly Journal of Economics*, 1992, 107 (2): 407-437.

96. Masanjala W., Papageorgiou C.. *Rough and Lonely Road to Prosperity: Reexamination of the Sources of Growth in Africa Using Bayesian Model Averaging* [Z]. Mimeo, Louisiana State University, 2004.

97. Masters W., McMillan M.. Climate and Scale in Economic Growth [J]. *Journal of Economic Growth*, 2001, 6 (3): 167-186.

98. Meeusen W., J. van den Broeck. Efficiency Estimation from Cobb-Douglas Production Functions with Composed Error [J]. *International Economic Review*, 1977, 18 (2): 435-444.

99. Miller S. M., Upadhyay M. P.. The Effects of Openness, Trade Orientation, and Human Capital on Total Factor Productivity [J]. *Journal of Development Economics*, 2000, 63 (2): 399-423.

100. Mohnen P.. R & D Externalities and Productivity Growth [J]. *STI Review*, 1996, 18: 39-66.

101. Nelson R., Phelps E.. Investment in Humans, Technological Diffusion, and Economic Growth [J]. *American Economic Review*, 1966, 56 (2): 69-75.

102. OECD. *Productivity Manual: A Guide to the Measurement of Industry-level and Aggregate Productivity Growth* [Z]. Paris, 2001.

103. O'Neill D.. Education and Income Growth: Implications for Cross-country Inequality [J]. *Journal of Political Economy*, 1995, 103 (6): 1289-1301.

104. Parente S., Prescott E.. Barriers to Technology Adoption and Development [J]. *Journal of Political Economy*, 2000, 102 (2): 289-321.

105. Prescott E.. Needed: A Theory of Total Factor Productivity [J]. *International Economic Review*, 1998, 39 (3): 525-551.

106. Pritchett L.. Where Has All the Education Gone? [J]. *World Bank Economic Review*, 2001, 15 (3): 367 -391.

107. Quah D.. Empirical Cross-section Dynamics in Economic Growth [J]. *European Economic Review*, 1993, 37 (2): 426 -434.

108. Quah D.. Empirics for Growth and Distribution: Stratification, Polarization, and Convergence Clubs [J]. *Journal of Economic Growth*, 1997, 2 (1): 27 -59.

109. Quah D.. Galton's Fallacy and Tests of the Convergence Hypothesis [J]. *Scandinavian Journal of Economics*, 1993, 95 (4): 427 -443.

110. Quah D.. Empirics for Economic Growth and Convergence [J]. *European Economic Review*, 1996, 40 (6): 1353 -1375.

111. Rivera-Batiz L., Romer P.. Economic Integration and Endogenous Growth [J]. *Quarterly Journal of Economics*, 1991, 106 (2): 531 -555.

112. Romer P.. Endogenous Technological Change [J]. *Journal of Political Economy*, 1990, 98 (5): 71 -102.

113. Romer P.. Increasing Returns and Long-run Growth [J]. *Journal of Political Economy*, 1986, 94 (4): 1002 -1037.

114. Sachs J., Warner A.. Economic Reform and the Process of International Global Integration [J]. *Brooking Papers on Economic Activity*, 1995, 52 (1): 169 -181.

115. Sala-i-Martin X.. I Just Ran 2 Million Regressions [J]. *American Economic Review*, 1997, 87 (2): 178 -83.

116. Sargent T. C., Rodriguez E. R.. *Labor or Total Factor Productivity: Do We Need to Choose?* [Z]. Department of Finance Working Paper, Canada, 2001.

117. Simon H.. Theories of Decision Making in Economics and Behavioral Science [J]. *American Economic Review*, 1959, 49 (3): 253 -283.

118. Solow R.. Technical Change and the Aggregate Production Function [J]. *Review of Economics and Statistics*, 1957, 39 (3): 312 -320.

119. Stigler G. J.. *Trends in Output and Employment* [R]. New York: NBER, 1947.

120. Tinbergen J.. Zur Theorie Der Langristigen Wirtschaftsentwicklung [J]. *Weltwirtschafticches Archiv*, 1942, 55 (1): 511 -549.

121. Vandenbussche J., Aghion P., Meghir C.. Growth, Distance to Frontier

and Composition of Human Capital [J]. *Journal of Economic Growth*, 2006, 11 (2): 97 - 127.

122. Young A.. A Tale of Two Cities: Factor Accumulation and Technical Change in Hong Kong and Singapore [J]. *NBER Macroeconomics Annual*, 1992, 7 (1): 13 - 54.

123. Young A.. The Tyranny of Numbers: Confronting the Statistical Realities of the East Asian Growth Experience [J]. *Quarterly Journal of Economics*, 1995, 110 (3): 641 - 680.

124. 蔡昉，都阳．中国地区经济增长的趋同和差异——对西部开发战略的启示 [J]．经济研究，2000 (10): 30 ~ 37.

125. 陈涛涛．影响中国外商直接投资溢出效应的行业特征 [J]．中国社会科学，2003 (4): 33 ~ 43.

126. 傅晓霞，吴利学．技术效率、资本深化与地区差异——基于随机前沿模型的中国地区收敛分析 [J]．经济研究，2006 (10): 52 ~ 61.

127. 傅晓霞，吴利学．全要素生产率在中国地区差异中的贡献：兼与彭国华和李静等商榷 [J]．世界经济，2006 (9): 12 ~ 94.

128. 郭庆旺，赵志耘，贾俊雪．中国省份经济的全要素生产率分析 [J]．世界经济，2005 (5): 46 ~ 53.

129. 何洁，许罗丹．中国工业部门引进外国直接投资外溢效应的实证研究 [J]．世界经济文汇，1999 (2): 16 ~ 21.

130. 何洁．外国直接投资对中国工业部门外溢效应的进一步精确量化 [J]．世界经济，2000 (12): 29 ~ 36.

131. 蒋殿春，夏良科．外商直接投资对中国高技术产业技术创新作用的经验分析 [J]．世界经济，2005 (8): 3 ~ 10.

132. 蒋殿春，张宇．行业特征与外商直接投资的技术外溢效应：基于高新技术产业的经验分析 [J]．世界经济，2006 (10): 23 ~ 31.

133. 赖明勇，包群，彭水军，张新．外商直接投资与技术外溢：基于吸收能力的研究 [J]．经济研究，2005 (8): 95 ~ 105.

134. 李京文，钟学义．中国生产率分析前沿 [M]．北京：中国社会科学文献出版社，1998.

135. 李静，孟令杰，吴福象．中国地区发展差异的再检验：要素积累抑或 TFP [J]．世界经济，2006 (1).

136. 李小平，朱钟棣．国际贸易的技术溢出门槛效应——基于中国各地区面板数据的分析［J］．统计研究，2004（10）．

137. 林毅夫，任若恩．东亚经济增长模式相关争论的再探讨［J］．经济研究，2007（8）：4－13.

138. 林毅夫，刘培林．中国经济发展战略与地区收入差距［J］．经济研究，2003（3）．

139. 刘德学等．全球生产网络与加工贸易升级［M］．北京：经济科学出版社，2006.

140. 刘强．中国经济增长的收敛性分析［J］．经济研究，2001（6）：70～77.

141. 潘文卿．外商投资对中国工业部门的外溢效应：基于面板数据的分析［J］．世界经济，2003（6）．

142. 潘向东，廖进中，赖明勇．经济制度安排、国际贸易与经济增长影响机理的经验研究［J］．经济研究，2005（11）．

143. 彭国华．中国地区收入差距、全要素生产率及其收敛分析［J］．经济研究，2005（9）．

144. 沈坤荣，耿强．外国直接投资、技术外溢与内生经济增长［J］．中国社会科学，2001（5）．

145. 沈坤荣，李剑．中国贸易发展与经济增长影响机制的经验研究［J］．经济研究，2003（5）．

146. 沈坤荣，马俊．中国经济增长的“俱乐部收敛”特征及其成因研究［J］．经济研究，2002（1）．

147. 王成岐，张建华，安辉．外商直接投资、地区差异与中国经济增长［J］．世界经济，2002（4）．

148. 王志刚．质疑中国经济增长的条件收敛性［J］．管理世界，2004（3）．

149. 王志鹏，李子奈．外商直接投资、外溢效应与内生经济增长［J］．世界经济文汇，2004（3）．

150. 魏后凯．外商直接投资对中国区域经济增长的影响［J］．经济研究，2002（4）．

151. 徐现祥，舒元．物质资本、人力资本与中国地区双峰趋同［J］．世界经济，2005（1）．

152. 许召元，李善同．近年来中国地区差距的变化趋势［J］．经济研究，2006（7）．

153. 颜鹏飞，王兵．技术效率、技术进步与生产率增长：基于DEA的实证分析［J］．经济研究，2004（12）．

154. 姚洋，章奇．中国工业企业技术效率分析［J］．经济研究，2001（10）．

155. 喻世友，史卫，林敏．外商直接投资对内资企业技术效率的溢出渠道研究［J］．世界经济，2005（6）．

156. 张海洋．R & D两面性、外资活动与中国工业生产率增长［J］．经济研究，2005（5）．

157. 张军，吴桂英，张吉鹏．中国省际物质资本存量估算：1952—2000［J］．经济研究，2004（10）．

158. 赵伟，马瑞永，何元庆．全要素生产率变动的分解——基于Malmquist生产力指数的实证分析［J］．统计研究，2005（7）．

159. 赵伟，马瑞永．中国经济增长收敛性的再认识——基于增长收敛微观机制的分析［J］．管理世界，2005（11）．